基本事例から考える
# 損失補償法
## Loss Compensation

慶應義塾大学教授
**松尾 弘**
Matsuo Hiroshi

大成出版社

# はしがき

　本書は、損失補償法の基本的な考え方と主要な問題類型について、具体的な紛争事例を通じて現状を理解し、課題を発掘し、どのように考えるべきかを検討するものである。そのために本書は、前著『財産権の保障と損失補償の法理』（大成出版社、2011）において理論的・一般的に取り扱った主要問題に関して、重要な事例をピックアップし、その紛争の内容に立ち入り、具体的な事案の分析を通じて、そこに適用されるべき損失補償法理にアプローチする。前著を一般的な理論体系編とすれば、本書は具体的な事例分析編に当たるものであり、いわば姉妹編ともいうべきものである。

　したがって、本書で取り上げる具体的事例の検討の順序は、基本的に前著の体系に従うことにした。すなわち、総論として、第１章「損失補償の意義」、第２章「損失補償の要否と内容」に関する事例を扱った後に、各論として、損失補償の基本類型に従い、第３章「権利対価補償に関わる問題」、第４章「通常生ずべき損失の補償に関わる問題」、第５章「生活再建補償に関わる問題」、第６章「事業損失補償に関わる問題」という順序で、主要な裁判例を考察する。

　もっとも、１つの事案であっても、複数の問題類型ないし補償類型に関わることがあり、そのために同一の事案を異なる視点から取り扱っている場合がある（例えば、第３章・❻節と第４章・⓫節）。また、異なる問題類型（補償類型）に属するが、密接に関連するものについては、両方の問題類型で関連性を取り上げている（例えば、第３章・❽節と第６章・⓯節）。

　さらに、事案の中には、どの問題類型（補償類型）に位置づけて検討すべきか、一義的に明らかではなく、判断が難しいものもある（例えば、第６章・⓰節）。そのような場合には、ある問題類型にひとま

i

ず位置づけて考察している。しかし、そのことは問題の性格づけを固定したり、確定したりする趣旨ではなく、あくまでも問題点を発掘し、考えるための便宜的なものにすぎないことを、予めお断りしておきたい。

　損失補償の問題の難しさは、一方では、補償類型の一般的・理論的な体系化の問題があり、他方では、実際に起こった具体的な問題が補償類型のどこに、あるいはどの類型とどの類型とのどのような関係の下に位置づけられるべきかという問題があることに起因するように思われる。そして、事案の中には、補償類型上の理論的な位置づけの不明確さゆえに、実際上も補償請求が否定されてしまったものもないとはいえないのではなかろうか。しかし、そうした難しさは、損失補償の問題の奥深さにわれわれの関心を引きつける。損失補償のあるべきルールを探求するためには、補償の本質・要否・内容・体系に関する理論的考察を実際に生じた具体的事案に置き直して検証し、修正を加えるという不断のフィードバックが不可欠である。

　本書は事例の数を極力絞り、かつよく知られた裁判例やシンプルな事案を取り上げている。それは、そうした例を繰り返し検討することが、類似の事案への応用や一般論へのフィードバックについて自ら《考える》ことをしやすくすると判断したことによる。その一方で、各裁判例における事案の内容や事件の経緯については、下級審の判断内容も含めて、できるだけ詳しく確認できるようにした。本書が損失補償に関する実際の事案に触れ、事実関係を咀嚼し、裁判の結論と理由について、一般原則との照合を繰り返しながら、じっくりと考える題材になりうれば、幸いである。本書の題名を『基本事例から考える損失補償法』としたゆえんがそこにある。

　本書において取り上げた事例は、各種の損失補償の例として、よく知られているものが多い。そうした基本事例を再検討する際に、常に

私の念頭にあったのは、「損失補償とは何か」、とくに「損失補償の要否や内容の判断基準の背後にある正義にはどのような特色があるか」という問いである。この根本問題について私は、主として矯正的正義（corrective justice）に立脚する損害賠償とも、主として配分的正義（distributive justice）に立脚する社会保障給付とも異なる、損失補償を特徴づける正義を**再配当的正義**（reallocative justice）として捉えてきた（前著『財産権の保障と損失補償の法理』38-40頁）。それは、《公共事業により、従前の財産・経営・生計等の変更によって生じた損失を、当該および関連する公共事業によって生じる利益の増大分を再配当することにより、公益創生活動の一環として回復すること》を意味するものである。

　そのような再配当的正義を実現するための損失補償の主要素として、①買収または収用の対象となる財産権に対する**権利対価補償**、②建物・その他の物件等の移転、農業・漁業・商業・その他の経営の移転に通常要する費用に対する**通損補償**、③職業・生活等の生計の移転によって生じる損失の回復に要する**生活再建補償**、④公共事業の遂行および供用によって新たに生じる負の影響に対する**事業損失補償**の4つの柱を認めることができる（前著42頁）。こうした損失補償の内容の構成要素ごとに、具体的な補償事例の検証作業を通じて、より詳細な規範を蓄積することが、「正当な補償」（憲法29条3項）の実現に通じるであろう。損失補償の要否についても、警察的規制か公益増進的規制か等の二元説や規制行為の態様・規制客体の性質・生じた犠牲の特殊性等を考慮に入れた総合判断説の適用による演繹的アプローチを行う一方で、損失補償の要否が問題になる個別事案において損失補償の内容の構成要素ごとにその要否を検討する帰納的アプローチを同時に行うことが望まれる。本書がそうした検証作業の最初の足掛かりになりうれば幸いである。

無論、事例の選択と位置づけ、事案と判旨の分析の何れについても、さらに展開する可能性がある。引き続き、大方のご教示を願う次第である。

2015年3月27日
桜の咲き始めた鎌倉常盤にて
松尾　弘

## 目次

基本事例から考える
**損失補償法**
Loss Compensation

はしがき

政令名等略記

判例集等略記

参考文献

### 第1章
## 損失補償の意義

❶ 工場誘致施策の変更による損失の填補請求 ………………………… 2
　【最判昭和 56・1・27 民集 35 巻 1 号 35 頁】

❷ 損失補償か国家賠償か ………………………………………………… 16
　【最判昭和 47・5・30 民集 26 巻 4 号 851 頁】

❸ 損失補償概念の拡張可能性と憲法29条3項の射程 ………………… 26
　【神戸地判平成 16・1・20 裁判所ウェブサイト】

### 第2章
## 損失補償の要否と内容

❹ 土地利用規制が課された場合 ………………………………………… 42
　【東京高判昭和 63・4・20 高民 41 巻 1 号 14 頁】

❺ 建築制限が課された土地の収用の場合 ……………………………… 55
　【最判昭和 48・10・18 民集 27 巻 9 号 1210 頁】

### 第3章
## 権利対価補償に関わる問題

❻ 事業認定時価格固定制の合憲性 ……………………………………… 70
　【最判平成 14・6・11 民集 56 巻 5 号 958 頁】

❼ 事業の施行見込みによる起業利益の考慮方法 ……………………… 84
　【大阪地判平成 20・8・22 判地 318 号 60 頁】

❽ 残地の接道状況の変更による損失と補償 …………………………… 97
　【最判昭和 55・4・18 判時 1012 号 60 頁】

v

❾ 損失補償の訴えの性質と審理判断の方法 ………………………………… 110
　【最判平成 9・1・28 民集 51 巻 1 号 147 頁】

## 第4章
## 通常生ずべき損失の補償に関わる問題

❿ 法令改善費用・機械の更新費用等の
　運用益相当額補償および営業補償の例 ……………………………… 124
　【最判平成 11・1・22 判地 203 号 77 頁・78 頁】

⓫ 立木の損失補償の例 …………………………………………………… 137
　【最判平成 14・6・11 民集 56 巻 5 号 958 頁】

⓬ 漁業廃止補償の例 ……………………………………………………… 150
　【最判平成 18・3・10 判地 283 号 103 頁】

## 第5章
## 生活再建補償に関わる問題

⓭ 生活再建措置の法的性質と損失補償法上の位置づけ ……………… 164
　【岐阜地判昭和 55・2・25 行集 31 巻 2 号 184 頁】

⓮ 借家人に対する損失補償として借家権補償が否定された事例 ……… 177
　【東京地判平成 4・11・27 判地 110 号 87 頁】

## 第6章
## 事業損失補償に関わる問題

⓯ 市道の形状変更に伴う隣接地の評価減は損失補償の対象となるか ……… 192
　【鹿児島地判平成 11・4・30 判タ 1026 号 149 頁】

⓰ 公共事業によって第三者所有物が警察規制を満たさ
　なくなった場合における損失補償請求の可否 ……………………… 206
　【最判昭和 58・2・18 民集 37 巻 1 号 59 頁】

あとがき …… 221

裁判例索引 …… 223

事項索引 …… 226

## 政令名等略記

政令名等は、以下のように略記する。

細目：土地収用法第88条の2の細目等を定める政令（平成14年7月5日政令248号）
要綱：公共用地の取得に伴う損失補償基準要綱（昭和37年6月29日閣議決定）
公補：公共事業の施行に伴う公共補償基準要綱（昭和42年2月21日閣議決定）
基準：公共用地の取得に伴う損失補償基準（昭和37年10月12日用地対策連絡会決定）
細則：公共用地の取得に伴う損失補償基準細則（昭和38年3月7日用地対策連絡会決定）
国交：国土交通省の公共用地の取得に伴う損失補償基準（平成13年1月6日国土交通省訓令76号）
運用：国土交通省の公共用地の取得に伴う損失補償基準の運用方針（平成15年8月5日国総国調57号）
要領：国土交通省損失補償取扱要領（平成15年8月5日国総国調58号）
運申：公共補償基準要綱の運用申し合せ（昭和42年12月22日用地対策連絡会決定）

## 判例集等略記

民集：最高裁判所民事判例集
刑集：最高裁判所刑事判例集
高民：高等裁判所民事判例集
行集：行政事件裁判例集
下民：下級裁判所民事裁判例集
訟月：訟務月報
判時：判例時報
判評：判例評論
判タ：判例タイムズ
判地：判例地方自治
金判：金融・商事判例
法セ：法学セミナー
法教：法学教室
憲判Ⅰ（第5版）：高橋和之＝長谷部恭男＝石川健治編『憲法判例百選Ⅰ（第5版）』
　　（有斐閣、2007）
憲判Ⅰ（第6版）：長谷部恭男＝石川健治＝宍戸常寿編『憲法判例百選Ⅰ（第6版）』
　　（有斐閣、2013）
行判Ⅰ（第6版）：宇賀克也＝交告尚史＝山下隆司編『行政判例百選Ⅱ（第6版）』
　　（有斐閣、2012）
行判Ⅱ：雄川一郎編『行政判例百選Ⅱ』（有斐閣、1979）
行判Ⅱ（第4版）：塩野宏＝小早川光郎＝宇賀克也編『行政判例百選Ⅱ（第4版）』
　　（有斐閣、1999）
行判Ⅱ（第5版）：小早川光郎＝宇賀克也＝交告尚史編『行政判例百選Ⅱ（第5版）』
　　（有斐閣、2006）
行判Ⅱ（第6版）：宇賀克也＝交告尚史＝山下隆司編『行政判例百選Ⅱ（第6版）』
　　（有斐閣、2012）
地判（第4版）：磯部力＝小幡純子＝斎藤誠編『地方自治判例百選（第4版）』（有斐閣、2013）
街判：成田頼明編『街づくり・国づくり判例百選』（有斐閣、1989）
環判（第2版）：淡路剛久＝大塚直＝北村喜宣編『環境法判例百選（第2版）』（有斐閣、2011）

# 参考文献

以下の文献（編著者名の五十音順）は、編著者名・出版年によって引用する。
ただし、〔 〕内に別記がある場合はそれによる。

［あ］

青野 洋士（2002）「判解」最高裁判所判例解説民事篇平成 14 年度
青野 洋士（2005）「判解」法曹時報 57 巻 1 号
秋山 義昭（1985）『国家補償法』（ぎょうせい）
芦部 信喜 = 高橋和之（2015）『憲法（第 6 版）』（岩波書店）
足立 忠夫（1991）『土地収用制度の問題点』（日本評論社）
阿部 泰隆（1981）「判批」法セ 315 号
阿部 泰隆（1984）「公権力の行使と差止請求（中）」判タ 535 号
阿部 泰隆（1986）「判批」法セ 380 号

［い］

池田 敏雄（1999）「判批」行判Ⅱ（第 4 版）
今村 成和（1968）『損失補償制度の研究』（有斐閣）

［う］

宇賀 克也（1990）「判批」自治研究 66 巻 4 号
宇賀 克也（1997a）『国家補償法』（有斐閣）
宇賀 克也（1997b）「判批」判タ 978 号
宇賀 克也（1989）「判批」街判
宇賀 克也（2012）「判批」行判Ⅱ（第 6 版）
宇賀 克也（2015）『行政法概説Ⅱ　行政救済法（第 5 版）』（有斐閣）

［え］

Ｓ・Ｈ・Ｅ（1973）「紹介」時の法令 808=809 号
江橋 崇（1987）「判批」法セ 386 号
Ｒ・Ａ・エプスティン / 松浦好治監訳（2000）『公用収用の理論』（木鐸社）
遠藤 博也（1976）『計画行政法』（学陽書房）
遠藤 博也（1981）「公共施設周辺地域整備法について」北大法学論集 31 巻 3=4 号・下巻
遠藤 博也（1989）『実定行政法』（有斐閣）

［お］

大江 正昭（1981）「判批」法政研究 48 巻 1 号

大隈 義和（2003）「判批」判評 531 号
大橋 洋一（2012）「判批」行判Ⅱ（第 6 版）
小澤 道一（2006）「判批」行判Ⅱ（第 5 版）
小澤 道一（2012a）『逐条解説　土地収用法　上（第 3 次改訂版）』（ぎょうせい）
小澤 道一（2012b）『逐条解説　土地収用法　下（第 3 次改訂版）』（ぎょうせい）
奥田 義雄（1964）「破壊消防と損害賠償（上）」近代消防 2 巻 4 号
奥田 義雄（1971a）「破壊消防と賠償問題（上）」近代消防 7 巻 11 号
奥田 義雄（1971b）「破壊消防と賠償問題（下）」近代消防 7 巻 12 号
乙部 哲郎（1999）「判批」行判Ⅱ（第 4 版）

[か]

加藤 了（2004）「判批」判地 247 号
加茂 紀久男（1981）「判解」最高裁判所判例解説民事篇昭和 56 年度
川勝 隆之（1984）「判批」民事研修 323 号
川神 裕（1997）「判解」最高裁判所判例解説民事篇平成 9 年度

[き]

木村 実（1989）「判批」街判

[く]

國井 義郎（2006）「判批」行判Ⅱ（第 5 版）
桑原 勇進（2012）「判批」行判Ⅱ（第 6 版）

[こ]

公共用地補償機構（2002）『法令に基づく施設の改善に要する費用の算定方法に関する研究（平成 4 年 3 月）』
公共用地補償研究会編（2010）『損失補償関係裁決例集（増補版）』（大成出版社）
公共用地補償研究会編著（2013a）『公共補償基準要綱の解説』（大成出版社）
公共用地補償研究会編著（2013b）『公共用地の取得に伴う損失補償基準要綱の解説』（大成出版社）
国土交通省土地・水資源局（2009）『適正な用地補償制度の再構築に関する実態調査業務報告書』（国土交通省）
国土交通省土地・水資源局（2010）『用地取得に係る建物移転補償基準等の適正化に関する調査業務報告書』（国土交通省）
小高 剛（1978）『土地収用法入門』（青林書院新社）
小高 剛（1980）『土地収用法』（第一法規）

小高 剛（1981）「判批」民商法雑誌 85 巻 2 号
小高 剛編（1997）『損失補償の理論と実際』（住宅新報社）
小高 剛（2000）『損失補償研究』（成文堂）
小高 剛（2002）「判批」法教 266 号
小高 剛（2003）『くらしの相談室　用地買収と補償（第 4 版）』（有斐閣）
小高 剛（2010）「判批」用地ジャーナル 2010 年 3 月号
後藤 智（1982）「判批」法セ 324 号
小早川 光郎（1975）「批判」法学協会雑誌 92 巻 1 号
小早川 光郎（1982）「批判」法学協会雑誌 99 巻 11 号
近藤 昭三（1977）「判批」判評 226 号

［さ］

櫻井 敬子＝橋本博之（2013）『行政法（第 4 版）』（弘文堂）
澤野 順彦（1973）「判批」立教大学大学院法学研究 4 号
三辺 夏雄（1997）「判批」法教 204 号

［し］

塩野 宏（2013）『行政法Ⅱ　行政救済法（第 5 版補訂版）』（有斐閣）
芝池 義一（1974）「判批」民商法雑誌 71 巻
芝池 義一（2006）『行政救済法講義（第 3 版）』（有斐閣）
柴田 保幸（1973）「判解」最高裁判所判例解説民事篇昭和 48 年度
清水 晶紀（2003）上智法学論集 47 巻 2 号

［す］

鈴木 庸夫（1981）「判批」法令解説資料総覧 21 号
首藤 重幸（2012）「判批」行判Ⅰ（第 6 版）
須藤 隆二（1994）「判批」判地 118 号

［せ］

関 哲夫（1981）「判批」地方自治職員研修 14 巻 6 号

［た］

高木 光（1987）「判批」自治研究 63 巻 8 号
高田 賢造（1968）『土地収用法（新訂）』（日本評論社）
高橋 滋（2011）「判批」環判（第 2 版）
高橋 信隆（2013）「判批」地判（第 4 版）

高橋 正人（2004）「判批」法学（東北大学）68 巻 3 号
高原 賢治（1978）『財産権と損失補償』（有斐閣）
滝沢 正（1982）「判批」『昭和 56 年度重要判例解説（ジュリスト 768 号）』（有斐閣）
館田 晶子（2003）「判批」『平成 14 年度重要判例解説（ジュリスト 1246 号）』（有斐閣）
武永 淳（2007）「判批」憲判Ⅰ（第 5 版）
田中 二郎（1954）『行政上の損害賠償及び損失補償』（酒井書店）
田中 二郎（1974）『新版行政法・上巻（全訂第 2 版）』（弘文堂）
田中舘 照橘（1981）「判批」法令解説資料総覧 23 号
田中舘 照橘（1988）「判批」法令解説資料総覧 81 号
田辺 愛壹（2003）『損失補償制度』（清文社）

[つ]

辻村 みよ子（2012）『憲法（第 4 版）』（日本評論社）

[て]

手島 孝（1981）「判批」判時 1010 号
手島 孝（1988）『計画担保責任論』（有斐閣）

[と]

戸波 江二（1989）「判批」街判

[な]

中川 丈久（1998）「判批」ジュリスト 1135 号
成田 頼明（1989）「判批」街判

[に]

西谷 剛（2003）『実定行政計画法——プランニングと法』（有斐閣）
西谷 剛（2013）「判批」地判（第 4 版）
西埜 章（1991）『損失補償の要否と内容』（一粒社）
西埜 章 = 田辺愛壹（2005）『詳解・損失補償の理論と実務』（プログレス）
西村 宏一 = 幾代通 = 園部逸夫編（1987）『国家補償法大系 4　損失補償法の課題』
　　（日本評論社）

[は]

橋本 勇（1987）「判批」地方自治職員研修 20 巻 5 号
橋本 眞一 = 松山恒昭（1990）「判批」判タ 735 号

橋本 博之（2013）『行政判例ノート（第3版）』（弘文堂）
長谷部 恭男（2014）『憲法（第6版）』（新世社）
華山 謙（1969）『補償の理論と現実』（勁草書房）
早坂 禧子（2002）「判批」法令解説資料総覧250号
はやし しうぞう（1981）「判批」時の法令1102号
林　知更（2003）「判批」『判例セレクト2002（法教207号別冊）』（有斐閣）
原田 尚彦（1964）「即時強制にともなう補償の性質」時の法令502号
原田 尚彦（1983）「判批」『昭和58年度重要判例解説（ジュリスト815号）』（有斐閣）
原田 尚彦（1989）「判批」『昭和63年度重要判例解説（ジュリスト935号）』（有斐閣）
原田 尚彦（1991）『行政判例の役割』（弘文堂）
原田 尚彦（2012）『行政法要論（全訂第7版補訂2版）』（学陽書房）

［ひ］

東平 好史（1973）「判批」民商法雑誌68巻3号

［ふ］

福井 秀夫（1997）「判批」判評465号
藤田 宙靖（1988）『西ドイツの土地法と日本の土地法』（創文社）
藤田 宙靖（1989）「判批」街判
藤田 宙靖（2013）『行政法総論』（青林書院）
舟田 正之（1989）「判批」街判

［ほ］

保木 本一郎（1981）「判批」『昭和55年度重要判例解説（ジュリスト743号）』（有斐閣）

［ま］

F・I・マイクルマン／藤倉皓一郎訳（1973・1974）「財産、効用、および公平（1）・（2）」アメリカ法 [1973]・[1974]
前田 達明（1983）「判批」民商法雑誌88巻1号
又坂 常人（1987）「判批」判評340号
松尾 弘（2010）『民法の体系――市民法の基礎（第5版）』（慶應義塾大学出版会）
松尾 弘（2011）『財産権の保障と損失補償の法理』（大成出版社）
松島 諄吉（1970）「適法な警察権の発動による財産上の損失に対する補償について」阪大法学74号
松島 諄吉（1979）「判批」行判Ⅱ

[む]

村上 敬一（1983）「判解」最高裁判所判例解説民事篇昭和 58 年度
村上 博（2007）「判批」判地 288 号
村上 裕章（2012）「判批」行判 II（第 6 版）

[や]

矢島 基美（2007）「判批」憲判 I（第 5 版）

[よ]

横田 貫一（1981）「判批」法律時報 53 巻 8 号

[わ]

輪湖 公寛（1972）「判解」最高裁判所判例解説民事篇昭和 47 年度
綿貫 芳源（1976）「判批」自治研究 52 巻 8 号
綿貫 芳源（1981a）「判批」法律のひろば 4 号
綿貫 芳源（1981b）「判批」法律のひろば 5 号

# 第1章

# 損失補償 の意義

# ① 工場誘致施策の変更による損失の填補請求

最判昭和 56・1・27 民集 35 巻 1 号 35 頁

本章は、損失補償の意義と特色について、損害賠償ないし国家賠償や社会保障上の給付との相違に着目して検討を加える。

損失補償は、公共の福祉を実現するために、公権力によって財産権の取得が行われる場合に、権利者に支払われる代償である（憲法 29 条 2 項・3 項）。それは、何らの補償なしに行われる公権力の行使である課税や規制と異なり、租税や規制等を負担した後に、厳密な意味で「私のもの」となった財産（以下、これを狭義の私有財産と呼ぶ）について、公共の福祉をさらに増進させるという理由で、財産権が公権力によって取得されたことに対して支払われるものである点に特徴がある。

この意味で一般的に、損失補償とは、(ⅰ) 公権力の、(ⅱ) 適法な行使により、(ⅲ) 財産上の特別の犠牲が生じた場合に、これによって生じた損失を回復させるものと定義されている[1]。すなわち、損失補償は、(ⅰ) 公権力の行使による財産の取得に対して支払われるものである点で、私的自治の原則、とりわけその一環としての契約自由の原則が妥当する私法上の売買の対価と区別される。(ⅱ) 適法な公権力行使という点で、国・地方公共団体の公務員の故意・過失や公の営造物の設置・管理の瑕疵という違法行為によって生じた損害の賠償とも区別される。さらに、(ⅲ) 財産上の特別の犠牲に対する補償であるという点で、個々の属性に応じて配分的正義を実現するために行われる社会保障給付とも異なる。こ

---

1) 田中 1974:211 頁、塩野 2013:356 頁、原田 2012:268 頁、小高 2003:5 頁、宇賀 1997a:387-390 頁、宇賀 2015:499 頁、西埜 1991:29 頁、西埜＝田辺 2005:16-17 頁。

れらの点において、売買代金や損害賠償や社会保障給付と異なる、損失補償の特徴が識別される。それは、公共事業による公益創生活動に伴う財産取得プロセスにおける不可欠の要素として、公益事業のプログラムに最初から組み込まれた、財産権保障との調整手段といえる。

損失補償を特徴づける以上の諸側面のうち、本節では、まず、（ⅱ）損害賠償との関係および相違にさらに立ち入って考察を加える。損害賠償は、①違法行為を前提とし、②故意・過失等の帰責性を要するが（民法709条、国賠法1条〔公務員の故意・過失〕、2条〔公の営造物の設置・管理の瑕疵〕）、③損害賠償の範囲は、積極的損害のみならず、得べかりし利益等の消極的損害、および④慰謝料を含む非財産的損害（無形の損害）にも及び（民法710条）、⑤民事訴訟手続に従って訴求される。

これに対し、損失補償は、①損害賠償請求や差止請求の対象になる違法行為（不法行為）と区別される、公権力による公益創生活動たる適法行為を前提とする。他方、②起業者の故意・過失、その他の帰責性を問わない。③損失補償の範囲は得べかりし利益（逸失利益）等の消極的損害をすべてカバーするところまでは及ばず、④慰謝料、制裁金、その他の非財産的損害の賠償（民法710条）を含まないものと解されている。また、⑤損失補償は行政事件訴訟（当事者訴訟）手続に従って訴求される。

このように、一般的に議論されてきた損害賠償と損失補償との相違について、具体的な事例を通じて検証することが有益である。

本節で取り上げる事例は、地方公共団体の長の交替による工場誘致施策の変更を理由とする損失の填補請求の肯否が問題となったものである。それを損失補償とみるべきか損害賠償とみるべきかによって要件が異なり、請求の当否に相違が生じる可能性がある。ところで、損失補償は一般に公共事業によって何らかの損失が生じた場合に、それを填補するために行われるものである。では、公共事業が実施されなかった場合にも損失補償は行われるであろうか。損失補償の問題が

生じる領域を明らかにし、その限界を画定するために、まずはこの問題から検討してみよう。

　例えば、①公共事業の廃止・変更、②事業の前提となる計画の廃止・変更、長期間の不実施、さらには③計画の前提となる政策の廃止・変更等が行われた場合である。公益を増進するための公共事業の計画・実施のプロセスでは、いったん決定された事業・計画・政策等であっても、諸般の事情から、それらを見直すことがむしろ公益に適うと判断される場合もある。その場合には、そうした適法な見直しに伴って生じる損失も、損失補償の対象にすることが求められる。ここでは、どの範囲の見直しを損失補償の対象とすべきかが問題になる。重要なことは、それもまた公益創生システムとしての公共事業と損失補償の問題の一環であるということである。このことは、事業・計画・政策等の見直しが違法に行われた場合に国家賠償が必要になることとは別問題であることに留意すべきである。

## 1. 事案の概要

### （1）事件の経緯

　X（原告・控訴人・上告人。株式会社）は、沖縄県国頭郡宜野座村内に製紙工場（月間125トンのチリ紙、紙容器等の各種用紙の製造を予定）の建設を計画し、昭和45年11月30日、Y（被告・被控訴人・被上告人。宜野座村）に対し、Xの誘致とY所有地のXへの譲渡を陳情した。Yの村長AはこれをYに検討すべく、Y村議会に委員会の設置を諮問し、同年12月25日、同委員会が設置され、昭和46年2月にXの企業誘致を決定した。これを受けてY村議会は、同年3月24日、Xの誘致およびY所有地をその製紙工場敷地の一部としてXに譲渡する旨を議決した。Aは翌25日、この決定をXに通知し、工場建設に全面的に協

力することを言明した。

　Xは、昭和46年5月上旬、Y村字松田に工場を建設することを決定し、準備に着手した。すなわち、①工場操業に必要な河川の使用・取水のため、AとY村議会の協力を得て付近部落民と懇談会を設け、また、同年5月24日、当時河川を管理していたアメリカ政府に水利権を申請すべく、河川法に基づいて必要なAの同意書を得た。②同年8月20日、Yから譲受予定の工場用地の測量を受け、同月24日、同予定地の一部にパインおよび茶を植え付け中の小作人BおよびCにそれぞれ270ドルおよび100ドルを補償料として支払った。③工場公害の防止のためにコンサルタントDに排水処理プラントの見積りを依頼し、昭和47年3月その報告書を得て、同年4月これをAに説明した。また、同月、Dから工場整地配置計画書を得たXは、翌5月上旬頃、これをAに提示して意見を求めた。④昭和47年7月、Xは製紙工場の機械メーカーEから機械見積書を、Dから浄水処理プラントの見積書を得て、その発注に必要な融資を沖縄振興開発金融公庫Fから受けられるよう、Aに協力を要請した。Aはそれに応じ、同年10月16日、F理事長宛に融資促進の依頼文書を送付した。XはAの確認を得たうえで、D・Eと発注契約を締結し、工場敷地の整地工事に着手した。整地工事は同年12月7日に完了した。

　しかし、昭和47年12月にAの任期満了により、Y村長選挙が行われ、企業誘致をめぐって激戦の末、企業誘致反対派のGが当選し、昭和48年1月5日、新村長に就任した。同年1月22日、Xが建築基準法6条・沖縄県建築基準法施行細則2条1項に基づき、工場の建築確認申請をGに提出したところ、Gは、①工場予定地の松田区部落民が総会決議をもって工場建設に反対していること、②Y村議会の工場誘致決議から3年近く経つ間に社会情勢が急変したこと等の理由で、同年3月29日、不同意である旨を回答した。XはYの協力が得られず、

製紙工場の設置は不可能と判断し、建設を断念した。

### (2) 原告の主張

Xは、Yに対し、(ⅰ) YがXを誘致して製紙工場の建設・操業に協力することを約し、その建設計画が相当程度進行した段階では、XY間には「協力互恵の信頼関係」が成立し、「何ら代償的措置を講ずることなく、その協力を拒否することはできない法律上の義務」があるにもかかわらず、それに反してXの期待を裏切る行為は違法で、民法709条に基づく損害賠償責任を負うべきであると主張した。また、仮にそれが認められないとしても、(ⅱ) Gが建築確認申請書の提出を受けながら、沖縄県建築基準法施行細則2条2項の所定の調査をし、消防（署）長の同意を得て所轄の（県の）土木事務所長に送付すべき職務上の義務を故意に履行しなかったことから、Yは、国家賠償法1条に基づく損害賠償責任を負うべきであると主張した。そして、損害として、1億18万9,166円およびこれに対する訴状送達の翌日である昭和48年9月11日から支払済みまでの遅延損害金（年5分）の支払を請求した。

Xが主張する損害の内訳は、①XがDに支払って没収された契約保証料620万円、同じくEに支払った931万円、合計1,551万円、②XがDに支払義務を負うコンサルタント料等208万1,460円、③XがDに発注して製作を完了した排水処理装置・浄水処理装置の請負代金支払債務3,100万円から現地据付費用601万7,000円および前記契約保証料620万円を差し引き、ここから転用可能部分（10％＝187万8,300円）を控除した1,690万4,700円、④XがHに支払義務を負う製紙工場等の建築設計料85万5,000円、⑤Xが昭和46年5月から昭和49年3月までの間に製紙工場建設準備のために被った運営費・事務費・管理費・銀行利息等の損失2,039万4,454円[2]、⑥Xの製紙工場が完成し

て生産を開始した場合の2年次までの得べかりし利益5,593万円（1年次2,410万7,000円、2年次3,582万3,000円）のうち、逸失利益4,444万3,552円である（【図表1－1】参照）。

**【図表1－1】**

施策の変更によって生じた損失（Xの主張）等

| 積極損害<br>5,574万5,614円 | ①契約保証料 620万円（D）<br>　　　　　　　931万円（E） |
|---|---|
| | ②コンサルタント料 208万1,460円 |
| | ③不要になった請負目的物の代金 1,690万4,700円 |
| | ④工場の設計代金 85万5,000円 |
| | ⑤工場建設準備費用 2,039万4,454円 |
| 消極損害<br>4,444万3,552円 | ⑥1年次 2,410万7,000円、<br>　2年次 3,582万3,000円 |
| 遅延利息 | 昭和48年9月11日から支払済みまで年5分 |
| 和解金額 | 2,700万円 |

## （3）被告の反論

（ア）Aが積極的に協力したXの誘致に対し、Gが反対するに至ったのは、昭和46年頃から顕著になった企業誘致による乱開発に対して住民の危惧が高まり、工場予定地の松田区でも昭和47年末頃に「松田生活環境を守る会」が結成され、工場設置反対の要請を繰り返し、同年12月のAの任期満了によるY村長選挙では、Gが反対派の支持を得て当選したことによる。したがって、工場設置に反対するGの行為は「憲法の保障する地方自治の本旨に副つ

---

2）なお、Xの主張からは不明であるが、XがB・Cに支払った補償料（各々270ドル・100ドル）は、④に含まれるであろうか。

た適法なものであり、YがXに対し、右村長の行為により民法の不法行為上の損害賠償責任を負ういわれはない」。
(イ) GがX提出の建築確認申請書を所轄所長に送付しなかった行為も、村長は沖縄県建築基準法施行細則2条に基づいて代替性のある事実調査をしうるのみで、申請書に対する意思決定権限は県知事にあり、県知事はいつでも村長に代わって申請を受けうるから、XはGから不同意の文書を送付された段階で、県知事に対して申請書を提出すれば足りる。したがって、YはGの行為をもって国家賠償法上の損害賠償責任を負ういわれはない。

## (4) 第1審判決

第1審判決は[3]、Xの請求を棄却した。

(ア) Xの製紙工場建設に対するY村議会およびAの積極的な協力行為は、「地方公共団体として、当該地域住民の福祉増進を目的とし、その住民意思に副うことを前提としてなされるもの」である。Y村民が、企業誘致によるYの過疎化防止よりも、企業の発散する公害から生活環境を保護することを優先すべきとの観点から、Y村民が企業誘致を批判し、それによってGが選出された以上、Xは工場建設への期待をGに要求することはできない。したがって、このような事情の下では、YがXに対して「代償的措置をとることなく本件製紙工場建設についての協力を拒むことのできない法律上の作為義務」があるとはいえないし、YがXの本件工場建設に協力しない行為を信義則違反とか公序良俗に違反するとか禁反言の法理に違反して、不法行為成立要件としての違法性があるとはいえない。

---

3) ★那覇地判昭和50・10・1判時815号79頁。

(イ) Xの建築確認申請に対するGの留保行為は、公務員として沖縄県建築基準法施行細則2条1項に基づく申請書の送付義務に反した違法なものといわざるを得ないが、その場合、Xは村長を経由することなく直接に沖縄県建築主事に申請することもできる。したがって、Xが工場建設計画を断念した理由は、「本件工場建設後のその操業に必要な河川の使用等工場操業上必要な協力」をGに期待できないことにあり、「これらの事実からすると、Gの前記違法行為とX主張の右建設不可能に伴う物的損害との間には相当因果関係が認められない」。

Xは控訴したが、損害賠償請求額（前記（2）①～⑥）のうち、逸失利益（同⑥）を除き、積極損害（前記（2）①～⑤＝元本額5,574万5,614円）の賠償のみを請求した。

## （5）第2審判決

第2審判決は[4]、Xの控訴を棄却した。理由は、Xが法律上保護されるべき利益として主張するXY間の「信頼関係」だけでは、「未だ民法の不法行為ないし国家賠償法上、Xにとつて保護されるべき利益」とまではいえないからであるとした。

Xが上告し、上告理由として、①Yは、XがYの「協力信頼援助」を期待するに至った事実および「工場建設を拒否した」事実を認めているが、これは「著しく社会の倫理観念に背くものであつてその意味で違法性を帯びる」。判例も、このような場合は「不当」または「不正」に損害を加える行為として、不法行為の成立を認めている[5]。また、②地方自治体の長の交替があっても同一性には変わりがないから、協

---

4) ★福岡高裁那覇支判昭和51・10・8金判618号36頁。
5) ★大判明治32・12・21民録5輯11巻88頁、大判昭和11・6・24民集15巻1184頁を引照する。

# 第1章　損失補償の意義

力信頼関係のあった先代村長Aの行為を積極的に拒否した現村長Gの行為は、公序良俗に反するがゆえに違法性を帯びる、とした。以上により、原判決は違法性に対する判断を誤り、明らかな法令違背をしたことは判決に重大なる影響を及ぼす。

## 2. 最高裁の判断

　最高裁は、原判決のうち、（ⅰ）「YがXの工場建設に対する協力を拒否したこと」に基づく不法行為を理由とする損害賠償請求に関する部分を破棄し、原審に差し戻した。一方、（ⅱ）Gが建築確認申請書の送付を怠ったことを理由とする国家賠償請求については、Xが上告理由を記載した書面を所定の期間内に提出しなかったことから、上告を却下した[6]。（ⅰ）に関する理由は、以下のとおりである。

　（ア）一般論として、地方公共団体のような行政主体が「一定内容の将来にわたつて継続すべき施策」を決定した場合でも、当該施策が「社会情勢の変動」等に伴って変更されうることは当然で、地方公共団体は原則としてそれに拘束されるものではない。このことは、地方公共団体の組織・運営に関する基本原則である「住民自治の原則」[7] に照らしても、首肯される。

　　ただし、当該施策の決定が、単に一定内容の継続的施策を定め

---

[6] ★最判昭和56・1・27民集35巻1号35頁。本判決に対する評釈等として、以下のものがある。はやし1981:56-61頁、綿貫1981a:37-45頁、綿貫1981b:55-59頁、横田1981:118-123頁、関1981:93-98、50頁、手島1981:167-172頁、加茂1981:21-49頁、橋本1987:103-105頁、後藤1982:159-160頁、小早川1982:1746-1756頁、前田1983:85-99頁、乙部1999:316-317頁、西谷2013:86-87頁、滝沢1982:43-45頁、首藤2012:60-61頁、阿部:1981:36-43頁、高橋2013:84-85頁、田中舘1981:211-217頁。

[7] 地方公共団体の施策は、住民の意思に基づいて行うべきであるとする原則。

るにとどまらず、①「特定の者に対して右施策に適合する特定内容の活動をすることを促す個別的、具体的な勧告ないし勧誘を伴うもの」であり、かつ②「その活動が相当長期にわたる当該施策の継続を前提としてはじめてこれに投入する資金又は労力に相応する効果を生じうる性質のもの」である場合は、たとえその者と当該地方公共団体との間に当該施策の維持を内容とする契約が締結されたとは認められない場合でも、「密接な交渉を持つに至った当事者間の関係を規律すべき信義衡平の原則」に照らし、当該施策の変更に際しては、かかる「信頼」に対して法的保護が与えられなければならない。

したがって、当該施策が変更されることにより、前記の勧告等に動機づけられてその活動に入った者が、その信頼に反して所期の活動を妨げられ、「社会観念上看過することのできない程度の積極的損害」を被る場合に、地方公共団体が「右損害を補償するなどの代償的措置を講ずることなく施策を変更することは、やむをえない客観的事情によるのでない限り、当事者間に形成された信頼関係を不当に破壊するものとして違法性を帯び、地方公共団体の不法行為責任を生ぜしめる」(下線は引用者による)。そして、住民自治の原則も、地方公共団体が住民の意思に基づいて行動する場合は何らの法的責任も伴わないことを意味するものではない。それゆえに、「施策決定の基盤をなす政治情勢の変化」をもって、ただちに「やむをえない客観的事情」に当たるとし、相手方の信頼を保護しないことは、許されるべきではない。

(イ) 本件では、①前村長Aは、村議会の賛成に基づき、Xに対して本件工場建設に全面的に協力することを言明し、その後退任までの2年近くの間終始一貫して本件工場の建設を促し、これに積極的

に協力していた。その結果、Xは工場の建設・操業開始についてYの協力を得られるものと信じ、工場敷地の確保・整備、機械設備の発注等を行ったもので、それはYも予想し、期待するところであった。②本件工場の建設が相当長期にわたる操業を予定して行われ、少なからぬ資金の投入を伴うものであることは、その性質上明らかである。これら①・②の状況下では、Yの協力拒否により、本件工場の建設が着手したばかりの段階で不可能となった結果、Xに多額の積極損害が生じたとすれば、協力拒否がやむを得ない客観的事情に基づくものか、または同損害を解消させるような措置が講じられるのでない限り、協力拒否はXに対する違法な加害行為であり、これと相当因果関係に立つ損害としての積極的損害の賠償をYに求めるXの請求は認容すべきである。

（ウ）以上によれば、Yが「前言をひるがえし本件工場建設に対する協力を拒否したこと」の違法を原因とする本訴請求を排斥した原判決は法令の解釈適用を誤ったもので、その違法は判決に影響を及ぼすことが明らかであるから、この部分は破棄を免れない。そして、①本件工場建設に対するYの協力拒否がやむを得ない事情に基づくかどうか、②協力拒否と本件工場の建設ないし操業の不能との因果関係の有無、③Xに生じた損害の程度等の点についてさらに審理を尽くす必要があると認められるので、同請求に関する部分を原審に差し戻す。

　その後、差戻審においては、昭和59年3月30日、YがXに2,700万円を支払うことで裁判上の和解が成立した[8]。

---

8) 西谷2013:87頁（西谷剛教授の照会に対するYの回答による）。

## 3. 考 察

### (1) 本判決の意義

　本判決は、行政主体が将来にわたって継続すべき施策を決定した場合でも、社会情勢の変動等による変更はありうるし、加えて地方公共団体の場合には住民自治の原則に照らし、住民意思に従った施策の自律的変更は当然ありうるという原則をまず確認する。しかし、このことは、施策の変更を無補償で行いうることを意味するものではないことを明らかにした点に、本判決の意義がある。

　本判決は、施策の変更によって生じた損害が補償——その法的性質は後に論じることとして——の対象となる要件として、①ある施策が、特定の者に対してその施策に適合する特定内容の活動をすることを促す個別的、具体的な勧告ないし勧誘を伴うものであること、②その活動が、相当長期にわたる当該施策の継続を前提としてはじめて投下資本（資金または労力）に相応する効果を生じうる性質のものであることの2つを挙げている。これら①・②により、地方公共団体等の行政主体から勧告・勧誘を受けた者は、当該施策が維持されることを信頼して活動やその準備に入り、様々な出捐をすることが通常と認められるからである。

　ただし、本判決も、行政主体から勧告・勧誘を受けた者が前記①・②の要件を満たした場合でも、施策の変更が「やむをえない客観的事情」に当たることを主張・立証した場合には、損害を補償する責任を免れる余地を認めている。もっとも、地方公共団体の首長が交替したというような「施策決定の基盤をなす政治情勢の変化」だけでただちに「やむをえない客観的事情」に当たるとはいえないとした。この点を明らかにした点でも、本判決には重要な意義がある。その結果、代

償的措置を施すことなしに施策を変更しうる「やむをえない客観的事情」としては、①行政主体が施策決定時には予見できず、②その帰責事由によらない（またはその支配可能性を超えた）事態が施策決定後に生じ、かつ③当該施策に拘束されることが著しく不当であると認められるような場合に限定されると解すべきであろう。

### （2）施策の変更による損害補償義務の法的性質

　行政主体が施策の変更によって生じた損害を補償すべき場合においては、その法的性質が問題になる。本判決は、前述した2要件が具備された場合に、地方公共団体の「社会観念上看過することのできない程度の積極的損害」に対し、それを補償する等の「代償的措置」を講ずることなく施策を変更することは、「当事者間に形成された信頼関係を不当に破壊するものとして違法性を帯び、不法行為責任を生ぜしめる」とした。

　しかし、本判決は、Yの不法行為責任が発生する前に、①社会観念上看過できない程度のXの積極損害について[10]、②その損害をYが「補償」する等の「代償的措置」を講じるべき権利・義務関係がXY間に生じている可能性を示唆している。したがって、この「代償」の法的性質をまずは明らかにする必要がある。

　学説には、（a）契約責任説[11]、（b）不法行為説[12]、（c）損失補

---

10) これは、Xが第1審で主張していた逸失利益の賠償請求を、第2審では主張しなかったことによるとも考えられる。

11) 誘致契約説に加え、明示的・黙示的な契約の締結が認められない場合でも、契約締結を前提とした交渉が開始され、当事者間に契約締結上の過失責任ないし契約交渉上の権利・義務が成立していると認められる場合には、行政主体の契約責任を追及する余地がある。例えば、信頼付与行為保護説は、不法行為の前提となる注意義務の根拠となるほか、契約交渉上の義務違反による責任の根拠にもなりうるであろう。

12) 西谷 2013:87 頁。なお、裁判例として、★熊本地裁玉名支判昭和 44・3・30 下民 20 巻 3 ＝ 4 号 263 頁。

償説[13]、(d) 計画担保責任説[14]等がある[15]。もっとも、これらのうち、(a)・(b)・(c) は必ずしも排他的ではなく、併存可能と考えられる[16]。すなわち、地方公共団体等の行政主体とその施策に依拠して行為する主体との間に契約または契約交渉関係がある場合は (a) 説が (契約関係がある場合、損害賠償の範囲は、契約締結時に予見可能性が認められる限り、履行利益にも及びうる)、行政主体の行為に故意・過失が認められる場合は (b) 説が (その場合、損害賠償の範囲は、積極的損害に限らず、相当因果関係が認められる限り、逸失利益にも及びうる)、行政主体による施策の変更が適法である場合でも、積極的損害については、損失補償の必要性の基準を満たす限り、(c) 説が妥当であろう。一方、(d) 説は、行政主体による計画の改廃が適法にされた場合につき、(c) 説よりも要件面および効果面において広く救済の範囲および方法 (例えば、変更の撤回、経過措置による救済等を含む) について再検討する方向を志向している[17]。

　私見は、(d) 説の可能性を留保しつつ、その前提として、(a) 説・(b) 説・(c) 説の併存関係を明確にすることが必要であると考えるものである。本判決の結論は、その要件・効果ともに、(c) 損失補償説で構成することが可能であるように思われる。

---

13) 滝沢1982:43頁、田中舘1981:211頁、綿貫1981b:55頁、原田1991:228-230頁、松尾2011:198頁。また、藤田2013:354-355頁も、本判決のいう「代償的措置」の法的性質を損失補償と解する可能性を示唆する。
14) 手島1981:21頁、手島1988:197頁。
15) 諸説に関し、首藤2012:61頁、加茂1981:35-39頁参照。
16) 松尾2011:198頁。
17) 本事案については、本判決のいう「代償的措置」を経過規定による転換補助金の交付等の移行措置と捉え、それによる問題解決の構成を示唆する。手島1988:197頁。

# ② 損失補償か国家賠償か

最判昭和 47・5・30 民集 26 巻 4 号 851 頁

POINT　国家または地方公共団体の行為によって私人に損害が生じた場合に、損失補償の問題となるのか損害賠償の問題とすべきか、損失補償請求と国家賠償請求との実体法上の関係は、様々な場面で問題になる。ここでは、その題材の1つとして、破壊消防（消防活動に際し、建物などを破壊することによって消火すること。主として可燃物をなくすことによる延焼防止を目的とする大破壊と、消火活動を容易にするための障害物除去を目的とする小破壊がある）の事例を取り上げ、検討を加えることにする[18]。それにより、損失補償の輪郭と内容がさらに鮮明になるであろう。

## 1. 事案の概要

### （1）事件の経緯

　昭和 33 年 1 月 17 日午前 5 時頃、岐阜県 S 村の A 建物（旅館）から火災が発生し、S 村消防団長 T が間もなく同消防団を指揮して消防活動を開始した。A 建物から北方へ延びた火は、P 旅館から B 建物へ移っていった。B 建物は付近で最も大きい建物で、その炎上により火勢が強くなった。当時、気温は氷点下 6 度位、風は火災発生時南ないし南々

---

[18] ★最判昭和 47・5・30 民集 26 巻 4 号 851 頁。本判決の評釈等に以下のものがある。S・H・E 1973:121 頁、東平 1973:476 頁、小早川 1975:102 頁、宇賀 2012:520 頁、輪湖 1972:1525 頁。

16

西から北ないし北々東へ向けて風速4～6m位の強さで吹き、雪が降りしきり、約40cmの積雪があった。B建物の北方には、道路に沿ってル、ト、チ、リ、ヌ、ニ、ハ、ロ、イの各建物が順次隣接して建ち並び、イ建物の北側は約2mの道路を隔てて人家が、その北に劇場、銀行営業所、ガソリンスタンド2か所（1か所はイ建物より約50m北に、他はさらに50m北）があり、商店住家も稠密であった（【図表1－2】参照）。

　ル建物はB建物の北側にわずかな間隔で接続し、ト建物とル建物との間隔は5m、ト、チ、リ、ヌの各建物間にはほとんど間隙がなく、その距離合計は約30mであった。ヌ建物とニ建物との間には約4mの道路があり、ニ、ハ、ロ、イの各建物の間にはほとんど間隔がなく、その距離合計は約28mであった。火がB建物に燃え移った頃、火災現場には3台のポンプ車しかなく、消火用水も十分でなかったことから、TはB建物より北方への延焼を防止するには、破壊消防による外に方法がないと判断し、火災現場付近のダム建築工事に使用していたブルドーザー1台の出動を依頼し、B建物の北にある建物を破壊することにした。その際、Tはガソリンスタンドの延焼による災害の拡大をおそれ、たまたま空き家で直ちに破壊できる事情にあったイ建物から南方に向って建物を破壊すれば、イ建物より北方への延焼の防止ができると考え、ブルドーザーの操縦者に命じてイ建物から破壊を始め、炎上現場へ向って南方にロ、ハ、ニ、ヌ、リ、チ、トの順で各建物をわずか3分位で破壊し終わった。しかし、B建物より北方への延焼は、ル建物とト、チ各建物の一部にとどまった。

　そこで、破壊された建物の所有者Aら（第1審では9名）がS村に対し、主位的に、Tの行った破壊消防が消防法29条2項に反してAらの建物、車庫、家財道具、営業用什器、商品等に損害を与えたとして、不法行為を理由に国家賠償法1条に基づいて損害賠償を請求し、予備

第1章　損失補償の意義

的に、仮に不法行為が成立しないとしても、消防法29条3項・4項に基づく損失補償を請求した。

【図表1－2】
S村火災現場

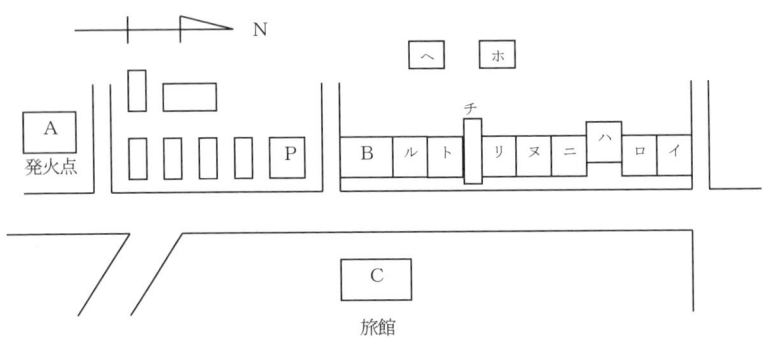

(2) 第1審判決

　第1審は、Aらの請求を棄却した。理由は、①主位的請求につき、Tのした破壊消防は延焼防止のためにやむを得ず行われた消防方法と認められ、消防法29条2項の適法な行為であって不法行為には当たらない。また、②予備的請求につき、Tの破壊消防は火勢、気象状況、その他周囲の事情から延焼防止のためにやむを得ないと認めてした消防法29条2項の処分であり、29条3項・4項に基づく損失補償の対象には当たらないというものであった。これに対し、X・Y・Z3名（建物ロ・ニ・ヌの各元所有者）が控訴した。

(3) 第2審判決

　第2審は、主位的請求につき、「〔後掲・消防法29条2項の〕無補

18

償による破壊消防は延焼防止のための唯一の手段たる意味における不可避性を必要とし、しかもそれが火勢その他あらゆる周囲の事情を加味した事後の冷静にして厳密な『合理的判断』からも是認される場合に限られる」と厳格に解し、これに照らすと建物ロ、ニ、ヌの破壊は前記のような「不可避性」を欠くと解した。

他方、「〔後掲・消防法29条3項の〕損失補償の下に許される破壊消防は、火災における延焼防止のための緊急性をもって足る」と解し、これに照らすと、建物ロ、ニ、ヌの破壊は適法な行為といえるから、不法行為には当たらず、国家賠償請求には理由がないとした。他方、予備的請求については、建物ロ、ニ、ヌの破壊は、Tが「延焼の防止のため緊急の必要からなしたものであり」、その破壊消防によってAらが被った損害については、消防法29条3項・4項に基づき、S村に損失補償義務があると認めた（認容額は、Xにつき220万円、Yにつき15万8,900円、C会社につき60万円に加え、各々訴状送達日の翌日から完済に至るまで年5分の割合による遅延損害金）。S村が上告した。

## 2. 最高裁の判断

最高裁は、原判決を支持し、S村の上告を棄却した。「本件破壊消防活動の行なわれた当時右図面表示のロ、ニ、ヌの建物自体は必ずしも延焼のおそれがあつたとはいえないが、B建物から北に連なる建物への延焼を防止するために右ロ・ニ・ヌの建物を破壊する緊急の必要があつたものであることは明らかである。してみれば、T消防団長が右建物を破壊したことは消防法29条3項による適法な行為ではあるが、そのために損害を受けたXらは右法条によりその損失の補償を請求することができるものといわなければならない」。

## 3. 考 察

### (1) 損失補償請求が認められない場合と認められる場合との関係

消防法（昭和23年法律186号）29条1項～4項は、つぎのように規定する（下線は引用者による）。

①消防吏員又は消防団員は、<u>消火</u>若しくは<u>延焼の防止</u>又は<u>人命の救助</u>のために必要があるときは、<u>火災が発生せんとし、又は発生した消防対象物</u>及びこれらのものの在る<u>土地</u>を使用し、処分し又はその使用を制限することができる。

②<u>消防長若しくは消防署長又は消防本部を置かない市町村においては消防団の長</u>は、火勢、気象の状況その他周囲の事情から合理的に判断して<u>延焼防止</u>のため<u>やむを得ない</u>と認めるときは、<u>延焼の虞がある消防対象物</u>及びこれらのものの在る<u>土地</u>を使用し、処分し又はその使用を制限することができる。

③<u>消防長若しくは消防署長又は消防本部を置かない市町村においては消防団の長</u>は、<u>消火</u>若しくは<u>延焼の防止</u>又は<u>人命の救助</u>のために緊急の必要があるときは、前二項に規定する消防対象物及び土地<u>以外の消防対象物及び土地</u>を使用し、処分し又はその使用を制限することができる。この場合においては、そのために損害を受けた者からその損失の補償の要求があるときは、<u>時価により、その損失を補償する</u>ものとする。

④前項の規定による補償に要する費用は、当該市町村の負担とする。

このうち、(ア)消防法29条1項・2項に基づく破壊消防が損失補償を不要とする理由は、(a)破壊消防の対象物が、火災が発生しようとし、もしくは発生した消防対象物およびそれらのものある土地、または延焼のおそれがある消防対象物およびそれらのものある土地

であり、社会・公共の利益を侵害する危険な状態——いわゆる警察違反の状態——にあることから、警察責任を負担すべき者として当然に受忍すべきものであること[19]、（b）そうした消防対象物は財産価値を喪失ないし減じている（警察権が発動されなくとも火災によって焼失ないし損傷したと想定される財産である）ことが挙げられる[20]。しかし、消防法29条2項に当たるかどうかは、破壊消防が行われた時点で判断され、たとえその後に生じた火災現場の状況変化により、結果的に放置していても延焼しなかったと認められる場合であっても、同項が適用されて補償を要しないことになると考えられるならば、（b）説は必ずしも当てはまらない。そうだとすれば、「火勢、気象の状況その他周囲の事情から合理的に判断して延焼防止のためやむを得ないと認める」かどうかは、かなり厳格に判断される必要がある。さもないと、無補償の破壊消防の場合が増えることが懸念されるからである[21]。

他方、（イ）消防法29条3項が損失補償を認めている根拠は、（a）警察責任を負担すべきとはいえない者に対し、警察権の発動によって財産上の損失を生じさせる場合であるから、正義と公平の原則に従って補償することを要するとの見解[22]、（b）緊急に必要とされる場合において財産を公の用に供するものであるから公用負担（狭義の私有財産が公共の利益のために用いられた場合）とみるべきであり、たとえ法令が明文で補償を定めていなくとも、憲法29条3項に基づいて補償を要するとの見解[23]、（c）切迫した状況下で即刻に現実の財産侵

---

[19] それは、そうした消防対象物およびそれらのものがある土地に対する財産権の内在的制約に基づくものであるがゆえに補償を要しないという見解と基本的に同じものであると捉えられている。東平 1973:483 頁。
[20] 松島 1970:49 頁。
[21] この点で、「やむを得ない」（不可避性）の要件を厳格に解した第2審判決が注目される。
[22] 田中 1954:232 頁。
[23] 今村 1968:72 頁注 10（イ）、松島 1970:51 頁。

第 1 章　損失補償の意義

害が行われるのであるから、処分の適法・違法にかかわらず、公権力主体が即時強制権限をもつことの代償として、生じた損害に対する結果責任を負わせたものとみる見解がある[24]。このうち、（c）説は、国家賠償と損失補償の二元論を批判し、その相対化を認め、国家補償の谷間を埋めるべく、両者の統一的な把握を試みるものと解される[25]。

　問題は、（ア）消防法29条2項と（イ）同条3項との関係である。仮に消防法29条2項の消防対象物が延焼のおそれのないものであった、またはそれを破壊しなくとも延焼阻止が困難ではなかったと判断された場合に、なおも同条3項の消防対象物として扱い、破壊に緊急の必要性があったと認められれば、損失補償を受けることができるかどうかである。これについては、（a）損失補償の可能性を否定し、延焼のおそれがある、または破壊なしには延焼阻止が著しく困難であると誤判して破壊された場合は、不法行為による損害賠償（国家賠償）の問題が生じるとみる見解と[26]、（b）破壊消防が消防法29条2項の要件を満たしていなかった場合でも、緊急の必要性の要件を備えていれば、同条3項によって損失補償が認められるとの見解がある[27]。

　この点につき、最高裁は、（b）説に立っているように窺われる。もっとも、仮に破壊消防時において延焼のおそれがあったとは認められない消防対象物の場合において、当該建物を破壊する緊急の必要性を認めることは、一見矛盾するようにもみえる[28]。しかし、延焼のおそ

---

24) 原田 1964:46-47 頁。
25) 東平 1973:487 頁。
26) 奥田 1964:68-69 頁、奥田 1971a:20-24 頁、奥田 1971b:64-69 頁。
27) 原田 1964:45 頁。
28) その点で、最高裁判決には説明が不足しているという批判もある。S・H・E 1973:124 頁。なお、本判決は事実関係において、消防法29条2項に当たるか、3項に当たるか、かなり微妙な事案であったとの解説もある。輪湖 1972:1530 頁。

れの有無は、判断者の立場から現実的にみれば、確定的な判断は困難であることに鑑みると、程度を許容する問題であり、それゆえにとくに危険な建物への延焼防止に万全を期すために、延焼のおそれのない建物をも、「緊急の必要がある」と判断して破壊することがありうると考えられる[29]。この意味で、（b）説および判例を支持してよいであろう。このことは、消防長等が、破壊消防の対象物を消防法29条2項に当たるものと認識していたか、同条3項に当たるものと認識していたかで、損失補償に差異をもたらさないようにすることを意味する。それは、即時強制に特有の問題として、行使されるべき権限の種類を有権的に確定する手続が当該行為の過程において確保され得ないことに起因するが[30]、この制度的限界に備えた補償は、政府の公益創生活動によって狭義の財産権の制約を受けた者に対する償いという損失補償の意義（前述❶節【POINT】参照）に照らし、妥当であろう。

## （2）損失補償請求と損害賠償請求との関係

他方、消防法29条3項の対象物たる建物を消火、延焼防止または人命救助のための緊急の必要性がなかったにもかかわらず取り壊した場合は、消防長等の行為は違法性を帯び、被害者の救済は損害賠償（国家賠償）の問題になると考えられる。しかし、この点についても、損失補償の意義（趣旨）に照らした考慮が求められるように思われる。なぜなら、仮に緊急の必要性の判断に際しての消防長等の過失が厳格に解釈されると、被害者は救済を受けられない場合が多くなるのに対し、消防長等の過失が緩やかに認定されるとすれば、消防長等は賠償責任を恐れて適正な行為を迅速かつ積極的に取ろうとするインセン

---

29) 小早川1975:110-111頁も、「延焼の虞」には「事実の問題としてみた場合に量的な段階がある」ことを指摘する。
30) 小早川1975:113頁参照。

ティブを殺がれてしまうことになる。そこで、消防法29条3項の対象物を結果的に緊急の必要性がなかったにもかかわらず処分等したときも、緊急の必要性の要件は処分等を行うための要件として維持しつつ、損失補償の要件から切り離し、結果的に処分等がされた場合は損失補償を認めるべきであるとの解釈もありうるであろう[31]。このような場合、損失補償の前提となる適法性の要件は、形式的かつ杓子定規に解釈されるべきではあるまい。

### (3) 損失補償請求と損害賠償請求との手続法上の関係

　以上のように、損失補償と損害賠償との実体法上の境界線は、損失補償の趣旨に照らしてやや柔軟に捉えられるべきである。このことは、手続法にも妥当する。
　例えば、旅館等の営業者として自然景観の眺望を享受する利益や水資源を利用し得る利益等を有していたAが、F県によるダムの設置運営等によって損失を被ったと主張し、第1審で国家賠償を請求したが、棄却されたため、第2審で憲法29条3項に基づく損失補償請求の予備的、追加的併合を申し立てた。第2審は、追加的併合を不適法とし、同予備的請求に係る訴えを却下した。これに対し、最高裁は、Aの損失補償請求は「主位的請求である国家賠償法1条1項等に基づく損害賠償請求と被告を同じくする上、いずれも対等の当事者間で金銭給付を求めるもので、その主張する経済的不利益の内容が同一で請求額もこれに見合うものであり、同一の行為に起因するものとして発生原因が実質的に共通するなど、相互に密接な関連性を有するものであるから、請求の基礎を同一にするものとして民訴法232条の規定による訴えの追加的変更に準じて右損害賠償請求に損失補償請求を追加

---

31) 宇賀2012:521頁は、日本の裁判所では実定法準拠主義の傾向が強いことに鑑みて、結果責任を明示した法律の規定を設けておくことが望ましいとする。

することができるものと解するのが相当」とした。もっとも、損失補償請求が公法上の請求として行政訴訟手続によって審理されるべきものであることなどを考慮すれば、相手方の審級の利益に配慮する必要があるから、控訴審における訴えの変更には相手方の同意を要するとした[32]。

---

32) ★最判平成5・7・20民集47巻7号4627頁。原審においてF県は予備的請求の追加的併合は不適法として訴え却下を求めており、F県による同意があったとは認められないとして、Xの予備的請求の追加は認められなかった。また、本件損失補償請求の予備的、追加的併合の申立ては、主位的請求と同一の訴訟手続内で審判されることを前提とし、併合審判を受けることを目的として行われたものと認められるから、予備的請求に係る訴えを管轄裁判所に移送する余地もないとされ、不適法として却下された（結論的には原判決を認容）。また、同一当事者間における損害賠償に基づく債務の履行が損失補償に基づく債務の履行として弁済供託されても、損害賠償債務として履行され、消滅する。★最判平成15・11・27民集57巻10号1665頁。

## 3 損失補償概念の拡張可能性と憲法29条3項の射程

神戸地判平成16・1・20裁判所ウェブサイト

**POINT** 　損失補償の本質は、《公益創生活動によって狭義の財産権（税金や規制等の無補償で課される負担を果たした後に私人の手許に残った財産権）に生じた損失を、当該公益創生活動（＝適法行為）の一環として、それによって増大した（または減少を免れた）利益に照らして、公平に再配当することによって回復すること》にある[33]。前節では、消防団長が破壊消防活動において、結果的には延焼のおそれがなかった建物を延焼のおそれのある建物（消防法29条2項）と判断して取り壊した場合に、それが消火もしくは延焼防止または人命救助のために「緊急の必要」があるもの（消防法29条3項）として、損失補償の対象となりうるとされた事例を取り上げ、損失補償に関する前記理解が成り立つことを確認した。その際、消火もしくは延焼防止または人命救助のための「緊急の必要」の有無は、即時強制の判断を強いられた者の現実的状況に鑑み、とくに危険な建物への延焼防止に万全を期すために、延焼のおそれのない建物をも「緊急の必要」ありと判断して取り壊すことは、公益創生に適う公権力行使として認められた[34]。しかし、結果的に「緊急の必要」がなかったと判断されたときにも損失補償が行われるべきか、公務員の故意・過失を要件とする国家賠償の可能性にとどめるべきかは、なお議論の余地がある。公権力主体が即時強制権限をもつことの代償たる結果責任として損失補償を認めるべきとの見解もあるが、それが法律の規定がなくとも認められるかは定かでない[35]。私見は、

---

33) 松尾 2011:13頁、16頁。
34) ★最判昭和47・5・30民集26巻4号851頁（第1章・❷節）参照。
35) 学説を含め、松尾 2011:20-22頁参照。

損失補償の本質に鑑み、憲法29条3項の適用によって肯定する余地があると解する。

しかし、そのように解釈するときは、憲法29条3項の適用範囲をどのように画すべきかが問題になる。憲法29条3項の適用の限界が問題になった事例としては、①他国の主権下にある「財産」への適用可能性、②「財産」以外の法益への適用可能性等がある。①に関しては、例えば、サンフランシスコ平和条約の締結により、連合国がその管轄下の日本国・日本国民等のすべての財産・権利等を処分する権利を取得する旨の規定（同条約14条（a）項2（I））、占領中の連合軍兵士による殺害行為に対する損害賠償請求権の放棄（対日平和条約19条（a）項）、シベリア抑留者に対する違法な強制労働等を理由とする損害賠償請求権の放棄（日ソ共同宣言6条後段）等。戦争損害の補償は総合的な政策判断を要するゆえに立法府の裁量に委ねられるとして、憲法29条3項の適用を否定する判例に対し、外国人の私有財産の尊重が国際慣習法であることを前提に同条項の適用肯定説もある[36]。

また、②に関しては、例えば、予防接種事故によって生命または身体（人格権の客体）への侵害を受けた被害者から国への憲法29条3項に基づく損失補償請求を、(a)否定する裁判例に対し、(b)肯定する裁判例もあり、後者には、(b-1)憲法29条3項を類推適用した例と、(b-2)同条項を「勿論解釈」した例がある[37]。

今回は、これらよりもさらに進んで、③財産の取得等を伴わない場合を取り上げてみよう。

---

[36] ★最大判昭和43・11・27民集22巻12号2808頁、最判昭和44・7・4民集23巻8号1321頁、最判平成9・3・13民集51巻3号1233頁。松尾2011:209-211頁参照。

[37] (a) 憲法29条3項適用否定説として、★高松地判昭和59・4・10判時

第1章　損失補償の意義

## 1. 事案の概要

### （1）事件の経緯

　X（原告）は、一般自動車輸送事業・一般旅客の海上輸送および海上運送業・倉庫業等を目的とする株式会社で、昭和53年から兵庫県明石市（A地点）と同県淡路島（B地点）を結ぶ一般旅客定期航路事業（カーフェリーによる海上運送事業）を営んでいた。しかし、本州四国連絡橋（明石・鳴門ルート）の開通（平成10年4月5日）により、平成10年9月1日、Xは当該一般旅客定期航路事業を廃止し、冷凍倉庫事業に転業した。この間、Xは、A地点のフェリー基地が他の船舶との利用競合やフェリー乗場に隣接する駐車場の混雑等から、新フェリー基地を建設すべく、兵庫県知事（港湾管理者）に公有水面埋立免許を出願し、平成元年12月5日に免許を取得し、平成4年3月末に埋立工事を完了して竣功認可を受け、免許条件に従って公共移管した土地以外の埋立地の所有権を取得した。XはこのA地の土地をA地点の新フェリー基地として使用を開始した。この埋立工事に際し、Xは、免

1118号163頁、名古屋地判昭和60・10・31判タ573号10頁、東京高判平成4・12・18高民45巻3号212頁、（b－1）憲法29条3項類推適用説として、★東京地判昭和59・5・18判時1118号28頁、（b－2）憲法29条3項勿論解釈説として、★大阪地判昭和62・9・30判時1255号45頁、福岡地判平成元・4・18判時1313号17頁等。関連学説を含め、松尾2011:211-213頁参照。この点に関する最高裁の立場はまだ明らかではない。最高裁は、憲法29条3項類推適用説をとった第1審判決（★東京地判昭和59・5・18判時1118号28頁）を取り消して憲法29条3項適用否定説（国家賠償法適用説）をとった第2審判決（★東京高判平成4・12・18高民45巻3号212頁）が、国家賠償請求（不法行為に基づく損害賠償請求）につき、除斥期間（民法724条後段）の経過を理由に原告の請求を棄却し、原告が国家賠償請求に関してのみ上告したのに対し、724条後段を制限的に解釈し、それに関する一部原告の請求について原判決を破棄・差戻しとした（★最判平成10・6・12民集52巻4号1087頁）。

許条件とされた工事として、①-2.2ｍ物揚場築造工事、②防潮堤用地工事、③防潮護岸復旧工事、④-5.5ｍ岸壁防潮堤築造工事、⑤防潮ゲート設置工事、⑥帰属植栽工事、⑦基地外付帯道路植栽工事、⑧A・B地点護岸築造工事、⑨航路浚渫工事、⑩管理道路工事（以下「本件各工事」と略称）を行い、その費用総額は43億1,639万6,631円であった。Xは、平成4年4月11日、本件各施設等を兵庫県に贈与（無償移管）し、その工事費用総額（43億1,639万6,631円）につき、税務上の繰延資産として処理し、Xの固定資産台帳に総額9億2,832万337円と圧縮記帳した。Xは平成10年9月1日のA・B地点間の一般旅客定期航路事業廃止に伴い、A地点の新フェリー基地も廃止した。

### （2）　原告の主張

（ア）航路事業等廃止交付金制度

　　Xは、Y（被告．本州四国連絡橋公団〔当時〕）に対し、本州四国連絡橋の建設に伴う一般旅客定期航路事業等に関する特別措置法（昭和56年6月9日法律72号。以下「法」と略称）、本州四国連絡橋の建設に伴う一般旅客定期航路事業等に関する特別措置法施行令（以下「法施行令」と略称）、本州四国連絡橋公団が交付する一般旅客定期航路事業廃止等交付金に関する省令（以下「交付金省令」と略称）に基づき、航路事業等廃止交付金を申請した（交付金の交付手続は、【図表1－3】のとおりである）。

　　交付金の額（法10条）は、実施計画（【図表1－3】（ⅱ））に従って行われる事業規模の縮小等に伴って必要となる費用に相当する額として、政令の定めに従って算定される。それは、以下①・②の金額の合計額となる（法11条柱書）。

　　①船舶、その他の事業の用に供する資産で政令で定めるものの減価をうめるために要する費用（法11条1号。以下「1号交付金」と略称）

第1章　損失補償の意義

　　　1号交付金の対象資産は、交付金の交付を受けようとする者が、事業規模の縮小等の際に当該事業の用に供しており（供用要件の充足）、かつ当該事業規模の縮小等により不要となる（不要要件の充足）船舶、建物、構築物、その他の固定資産で交付金省令で定めるもの（以下「特定事業用資産」と略称）とする（法施行令3条）。
　　特定事業用資産は、船舶、建物、構築物、車両、機械ならびに装置、工具、器具ならびに備品、建設仮勘定および無形固定資産である（交付金省令1条）。これに加え、Yの業務部長が、昭和58年5月23日付け・業業一第6号・一般旅客定期航路事業廃止等交付金交付事務の取扱いについて（通知）で、Yの各建設局長宛に、「岸壁、道路等の公共施設の設置等に要する費用の負担金等について、税務上繰延資産として処理されている場合は、無形固定資産として取り扱う。」旨を通知している（以下「業務部長通知」と略称）。
　　1号交付金の費用に相当する額は、特定事業用資産ごとに当該資産の価額から交付金省令で定めるところにより算定した当該資産の処分価額を控除した額を合計した金額とされる（法施行令5条1項）。そして、法施行令5条1項の特定事業用資産の価額は、一般旅客定期航路事業を営む者が法人である場合には、当該法人の事業規模の縮小等を行った日（以下「実施日」という）の属する事業年度の前事業年度の末日（以下「基準日」という）以前に取得した特定事業用資産については、当該特定事業用資産につき、基準日における帳簿価額から、同日後事業規模の縮小等を行った日（実施日）までの期間に対応する償却額を控除した額とするものとされている（法施行令5条2項1号）。
　　②事業の円滑な転換または残存する事業の適正な経営を計るために必要な費用（法11条3号。以下「3号交付金」と略称）
　　　3号交付金は、以下1）または2）と3）の額を合計した金額

## 【図表1−3】
本四連絡橋公団（当時）による一般旅客定期航路事業廃止等交付金の交付手続

| 交付手続 | 法令上の根拠 |
|---|---|
| （ⅰ）運輸大臣（当時）が、本州四国連絡橋の供用に伴って影響を受ける航路につき、当該供用が開始される一般国道または鉄道施設の区間ごとに、これに係る規模縮小等航路等を指定する | 法4条1項 |
| （ⅱ）指定された規模縮小等航路等において一般旅客定期航路事業を営む者が、本州四国連絡橋の供用に伴い余儀なくされることとなる事業規模の縮小等を行おうとするときは、それぞれ当該事業について、その実施に関する計画（以下「実施計画」と略称）を作成し、これを運輸大臣に提出して、その認定を受ける | 法5条1項 |
| （ⅲ）交付金の交付を受けようとする者は、実施計画の認定を受けた日から起算して6か月を経過するまでに、交付金省令で定めるところにより、本州四国連絡橋公団（当時。Y）に対して交付の請求をしなければならない。Yは、特にやむを得ない理由があると認めるときは、交付金省令で定めるところにより、同項の請求の期限を延期することができる | 法12条1項 法12条2項 |
| （ⅳ）Yは、法12条1項の請求があったときは、これを審査し、交付金の額の算定の基礎となる事実があったことを確認したうえで、その交付すべき交付金額を決定し、これを当該交付の請求をした者に通知しなければならない | 法12条3項 |
| （ⅴ）Yは、法5条1項によって認定を受けた者で、実施計画に従って事業規模の縮小等を行った者に対し、一般旅客定期航路事業廃止等交付金を交付することができる | 法10条 |

である（法施行令7条1項1号・2号）。

1）指定規模縮小等航路につき事業を廃止した場合は、当該事業に係る営業収益の年額から営業収益の年額を控除した額に2を乗じて得た額。

2）指定規模縮小等航路につき事業の廃止以外の事業規模の縮小等を行った場合は、当該事業に係る営業収益の年額のうち、当

第 1 章　損失補償の意義

　　　該事業規模の縮小等を行った部分に対応する年額として、輸送能力、運航状況等を勘案してＹが定めるところによって算定した額に２を乗じて得た額。
　　３）転換後の事業または残存する事業の用に供する資産の確保のために必要な費用の額のうち、事業規模の縮小等により不要となる資産をこれらの事業に転用するための改造に要した費用の額、およびその他のとくに必要な費用の額として交付金省令で定める費用の額を合計した額。

　（イ）航路事業等廃止交付金の申請
　　　　以上の法令基準に従い、Ｘは、実施計画の認定（法５条１項）を受け、請求期限の延期（法12条２項）を３度受けた後、その期限内である平成12年８月23日、Ｙに対し、①１号交付金として５億4,610万9,984円──前記無形固定資産に該当するものとして、Ｘが平成４年４月11日、本件各工事費用（前記（１）①〜⑩）を税務上の繰延資産として圧縮記帳した後の価額９億2,832万337円から、基準日（平成10年３月31日）までの期間の減価償却額を控除した５億7,122万1,067円を控除し、そこから実施日（事業規模の縮小等を行った平成10年９月１日）までの減価償却額2,511万1,083円を控除した価額──、②３号交付金として25億5,865万4,825円──圧縮記帳前の本件各工事費用（前記（１）①〜⑩）の総額43億1,639万6,631円につき、実施日における時価を31億476万4,809円とし、そこから１号交付金額（請求額５億4,610万9,984円）を控除した価額──、合計31億476万4,809円の交付金を請求した。

　（ウ）航路事業等廃止交付金の交付

❸ 損失補償概念の拡張可能性と憲法29条3項の射程

　これに対し、Yは、①1号交付金請求につき、税務上繰延資産としてXの固定資産台帳に圧縮記帳された9億2,832万337円のうち、航路浚渫工事の費用（前記本件各工事費用⑨）のみを1号交付金の対象となる特定事業用資産と認定し、基準日における簿価5,692万3,108円から、実施日までの減価償却額600万4,218円を控除した5,091万8,890円に限って認めた。他方、②3号交付金請求については、一切認めなかった。

（エ）原告の請求
　そこで、Xは、一方で、交付金決定処分の取消請求訴訟を提起し、主位的請求として、1号交付金に関し、本件各工事費用総額43億1,639万6,631円を基準に、実施日における簿価（圧縮記帳前）である25億3,856万3,458円が妥当であるとし、Yが認めた5,091万8,890円を超えて同額に達するまでの金額につき、Yの却下処分の取消しを求めた。また、予備的請求として、Xが1号交付金として請求した金額である5億4,610万9,984円が、Yが1号交付金として認めた5,091万8,890円を超える金額につき、Yの却下処分を取り消すことを求めた。加えて、Xは、1号交付金として妥当であると主張する25億3,856万3,458円につき、Yに対して交付金支払請求の訴えを提起した。

## 2. 裁判所の判断[38]

### （1）訴えの適法性
　神戸地裁は、Yによる本件交付金決定は、法を根拠とする優越的地

---

38) ★神戸地判平成16・1・20（平成13年（行ウ）第6号）裁判所ウェブサイト・TKC文献番号28091231。

位に基づいて一方的に行う公権力の行使であり、Xの交付金請求権に直接影響を及ぼす法的効果をもつゆえに、抗告訴訟の対象となる行政処分に当たることを認めた[39]。

しかし、交付金決定処分取消請求のうち、主位的請求については、XのYに対する1号交付金の請求金額自体が5億4,610万9,984円であり、Xが本件訴訟で主張するように25億3,856万3,458円とはされていなかったから、Xの主位的請求は存在しない行政処分の取消しを求める訴えであるとし、不適法として却下した。また、交付金支払請求については、Yの交付決定に無効となる瑕疵がある場合を除き、処分取消しの訴えによらずに、処分内容の実現を直接訴訟で求めることはできないゆえに、不適法として却下した。

他方、交付決定処分取消請求のうち、予備的請求自体については、Xの1号交付金請求に対してYが認めなかった部分の処分取消しを求める訴えとして、適法であるとした。

### (2) 予備的請求について

しかし、判決は、前記予備的請求の内容(前述1(2)(エ))には理由がないとして棄却した。その際の争点は、主として以下の2点である。

(ア) 第1に、1号交付金支給の要件として、特定事業用資産(無形固定資産を含む)が事業供用要件および不要要件を満たすかどうかである。これにつき、判決は、Xが公有水面埋立免許の条件として実施した本件各工事(前記①〜⑩)のうち、⑥・⑦は場所自体が明確でないから、両要件を満たさないとする。そして、その他の工事のうち、⑨航路浚渫工事を除いては、当該工事に係る各施

---

[39] ★最判平成15・9・4裁判所時報1347号1頁(労働基準監督署長による労災就学援護費の支給決定を抗告訴訟の対象となる行政処分と認めた)を引用する。

設はいずれもXの「旅客船定期航路事業の用に供されていたものではない」ゆえに事業供用要件を満たさず、また、各施設の役割はXの一般旅客定期航路事業廃止後も基本的に変化はないから、不要要件も満たさないと判断した。

（イ）第2に、1号交付金の算定基準として、特定事業用資産の基準日における価額として、時価ではなく、会計帳簿に記載された価額とすること（法施行令5条2項1号）が、法の制度趣旨に鑑みて妥当かどうかである。この点につきXは、圧縮記帳後の帳簿価額ではなく、圧縮記帳前の工事費用額をいうと主張した。その理由としてXは、1号交付金は一般旅客定期航路事業者の投下資本の未回収部分を填補しようとする趣旨であるから、これと最も適合するのは基準日における時価＝圧縮記帳前の工事費用額であり、そこから実施日までの償却額を控除した額が1号交付金額になるべきと主張した。これに対し、本判決は、本件交付金の根拠法令の趣旨には投下資本の未回収部分の填補という側面もあることを認めつつも、本件交付金の法的性質があくまでも補助金であって損失補償ではないことを根拠に、法施行令の規定を適法と判断した。すなわち、――――

「本州四国連絡橋の供用により、交通手段として競合する一般旅客定期航路事業が大きな影響を受けるが、これは、公共事業のために土地が取得ないし使用される場合とは異なり、交通手段の競合による事実上の影響とみるべきものであり、本来的には損失補償の対象とはならないものである。／けれども、本州四国連絡橋の供用により、一般旅客定期航路事業者の中には、事業の廃止や縮小を余儀なくされ、それに伴い離職者も相当数発生することが見込まれ、これらの広範かつ多大な影響を事業者のみの対応や

地域経済社会の自立的な調整によって解決することが困難であることや、これを放置すると社会的な混乱を招くおそれがあること等の観点から、法によって特に助成措置として交付金を交付することとしたものである…。／このように、本件交付金は、損失補償金ではなく、助成金ないしは補助金に過ぎないのであり、一般旅客定期航路事業者が、一般旅客定期航路事業のために資本を投下したとしても、その投下資本のすべてを当然に被告が助成すべきであるということにはならず、その投下資本の未回収分のうち被告が交付金で助成する範囲をどの程度と規定するかは、すぐれて立法政策上の問題である。／そして、それを規定したのが、法施行令3条、5条の規定であり、同3条で対象資産の範囲を画し、同5条で費用の算定基準を設けて、助成の対象となる資産の減価の範囲を規定したのである」。

また、本判決は、Xが本件各工事によって設置した各施設を兵庫県に贈与（無償移管）し、基準日において所有していないにもかかわらず、法人税法上の繰延費用が繰延資産として認められていることから、とくに政策的配慮を加えてYの業務部長通知によって特定事業用資産（無形固定資産）と認めたにすぎず、この点にも鑑みて、Xが負担した本件各施設の工事費用について圧縮記帳前の工事費用額を基準とした「完全な助成をする必要性に乏しい」と判示した。

さらに、本判決は、法施行令5条2項1号が帳簿価額と規定した理由として、帳簿価額は公正な取引慣行に従って会計帳簿に記載され、客観的で信頼できる価額である点を挙げ、仮に実施日における時価を基準とすると、資産保有中の市場価額の変動によって交付金額に多寡が生じ、不衡平な結果が生じるのに対し、帳簿価額を基準とすると、資産の時価評価を行うことに伴う手間や費

用負担が不要になり、交付金算定の定型的処理が可能となる結果、事務処理が簡易、迅速化され、費用の節減が図られ、「当事者双方の利益にもかなう」という理由も挙げている。

## 3. 検討

（1）本判決が、Xの負担した本件各工事（前記1（1）①〜⑩）による諸施設は、同⑨浚渫航路を除いて事業供用要件を満たさないとした点については、若干の疑問が残る。というのも、本件各工事はXが公有水面埋立免許の条件として実施したものであるから、埋立工事の竣功認可後にXが埋立地において所有したA地点の新フェリー基地（の他施設）と密接な関係をもつと解されるからである。本件では、Xが新フェリー基地において1号交付金の対象となりうる他の特定事業用資産を所有していなかったかどうかは定かでないが、本判決が、1号交付金の制度趣旨を投下資本の未回収部分の填補であることを認めながら、本件各工事に係る施設がXの旅客船定期航路事業の用に直接に供されていなかったことのみで事業供用要件の具備を否定することは、やや形式的すぎるようにも思われる[40]。

（2）本判決が、1号交付金の算定基準の出発点になる特定事業用資産の基準日における価額として、会計帳簿に記載された価額とする法施行令5条2項1号の規定が妥当であるとする理由についても、さらに検討の余地がある。たしかに本法に基づく交付金は、公共事業の施行に伴って土地の取得等をされた者ではなく、当該公共事業によって供用される施設と競合する事業を経営する者が被る影響の緩和措置であり、土地の取得等に対する対価という意味での損失補償ではなく、

---

[40] 事業供用要件に関するかかる形式的な判断を前提にすると、不要要件についてもその本来の趣旨に従った実質判断がされていないように思われる。

その意味では助成金・補助金といえる。しかし、そうであるからといって、助成範囲をどの程度と規定するかはもっぱら立法政策の問題とみて、そこに損失補償の一般法理を介在させる余地がまったくないといい切ってしまうことはできないと考えられるからである。本判決も自認するように、少なくとも１号交付金の制度趣旨には、一般旅客定期航路事業者による投下資本の未回収部分の填補という要素があるとすれば、とくに本件のＸのように、たんに競合する営業を継続してきたというにとどまらず、本州・四国間における旅客や貨物の輸送・運送等の活性化に向けた事業への投資（とくに新フェリー基地の新設に関連する多方面にわたる投資）を積極的に行い、それに対して県知事等の公的主体も（公有水面埋立免許への条件づけ等により）関わってきたことを看過すべきではないであろう。また、立法政策的な裁量権の広さを背景に、１号交付金の算定基準の起点となる特定事業用資産の基準日における価額として帳簿価額（法施行令５条２項１号）が妥当であるとする理由として、帳簿価額を基準とすれば資産評価に始まる交付金決定手続の定型的処理が可能となり、費用が削減され、「当事者双方の利益」に適うとされるが、真に当事者双方に公平な扱いといえるか、さらに検討する必要がある。

　公共事業の施行による土地の取得等の対象とならない者、例えば、公共事業であるバイパス道路の建設のための用地取得の対象でない従前の道路（旧道）に面した場所で店舗等を経営していた者にとっては、たとえバイパス道路の建設によってその営業が寂れ、収益が減少したとしても、事業者に対して逐一補償請求することは、一般的には認められないであろう。しかし、その一方で、土地の取得等は伴わないものの、損失補償の本質である《公益創生活動によって狭義の財産権に生じた損失を、当該公益創生活動の一環として、それによって増大した（または減少を免れた）利益の中から公平に再配当することによっ

て回復すること》に当たる場合がないとはいえない。本四連絡橋の建設それ自体のためには土地の取得等をされてはいないが、それも含む本四連絡施設の整備に努めてきた者が、本四連絡橋の供用に伴って被った不利益のうち、「損失補償」の要素に該当するものがないかどうか、さらに追求する余地があるように思われる。

　以上のようにみてくると、公共事業の遂行に際し、財産の取得等をされてはいないが、財産、その他の法益について特別の犠牲が生じ、それに対して「損失補償」すべき類型を導き出すことが可能かどうかが、理論的に重要な問題となるであろう。その際には、そうした損失補償類型が憲法29条3項の枠内のものか、あるいは憲法29条3項を超える要素をも含むかどうかを究明する必要がある。この点については、次節で引き続き検討する。

# 第2章

# 損失補償の要否と内容

# ④ 土地利用規制が課された場合

東京高判昭和 63・4・20 高民 41 巻 1 号 14 頁

**POINT**　第 1 章では、損失補償（憲法 29 条 3 項）の特色につき、国家賠償や社会保障的給付との相違に着目し、限界事例を題材にして検討した。それらを通じ、損失補償は、公権力による公益創生活動（公益の積極的増大のほか、公共に対する危険の発生または拡大の防止を含む）のプログラムに組み込まれた財産の減少や悪影響を、当該公益創生活動の一環として、それによって増大した（または減少を免れた）利益に照らして、公平に再配当することによって回復することに本質的特色があることが確認された。

それを踏まえ、本章は、損失補償の要否と内容の判断基準の問題に進む。本節は、公益創生活動により、財産権の取得ではなく規制が行われた場合に、損失補償が必要か否か、必要な場合にはどのような補償が行われるべきかを検討する。それを通じ、たとえ財産権の制限それ自体に対する権利対価補償が行われない場合でも、なおも財産状態の回復のために「損失補償」をすべき憲法 29 条 3 項の補償類型が見出されるかどうかを確認する。

## 1. 事案の概要

### （1）事件の経緯

X（原告）は三重県に山林 482.975㎡（以下、本件山林という）を所有していたが、昭和 45 年 12 月 28 日、国（環境庁長官〔当時〕）により、本件山林を含む一帯が、自然公園法（以下、法という）に基づき、室

生赤目青山国定公園の第三種特別地域に指定された（同日付官報による）。昭和50年7月30日、XはA（三重県知事）に対し、本件山林から土石（片麻岩・花崗岩）を採取すべく許可申請をしたが（法17条3項）、Aは昭和50年12月9日付で不許可決定をした。Xは、昭和51年1月19日、環境庁長官に審査請求をしたが、昭和52年6月20日、公害等調整委員会（法34条）はXの申請を棄却する裁定をした（【図表2－1】）。

**【図表2－1】**
自然公園法に基づく土石採取許可申請不許可決定に対する損失補償請求

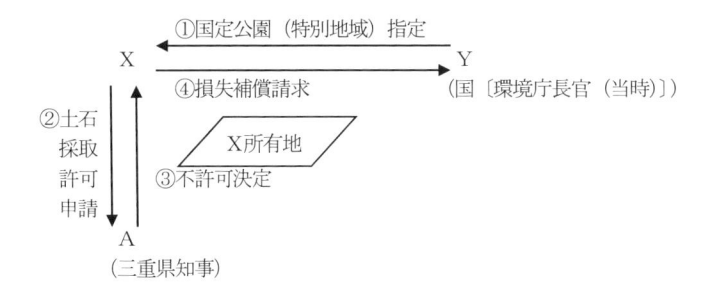

```
          ①国定公園（特別地域）指定
      X ←──────────────── Y
          ④損失補償請求        （国〔環境庁長官（当時）〕）
      │           ┌──────┐
   ②土石         │ X所有地 │
   採取          └──────┘
   許可     ③不許可決定
   申請
      │
      ↓
      A
     （三重県知事）
```

## （2）原告の主張

Xは、昭和52年8月10日、法35条1項・2項に基づき、環境庁長官に対し、同不許可決定によって生じた損失につき、14億662万7,000円の損失補償請求をした。しかし、昭和56年2月20日、環境庁長官は同法35条3項の補償金額は零円である旨を決定し、同月26日通知した。そこで、XはY（被告。国）に対し、法35条1項（「国は、第17条第3項、第18条第3項若しくは第18条の2第3項の許可を得ることができないため、第19条の規定により許可に条件を附せられたた

め、又は第20条第2項の規定による処分を受けたため損失を受けた者に対して、通常生ずべき損失を補償する」）に基づき、13億9,215万3,000円（採取可能量696万765㎥につき、200円／㎥の収益）および弁済期以降である昭和56年2月27日から支払済みまで年5分の割合による遅延損害金の支払を求めた。

### （3）被告の主張

　これに対し、Yは、以下のように反論した。

　①憲法29条3項に基づく補償請求は「財産権の内在的制約を超えて、財産を剥奪し又は剥奪するのと同視されるような制限を加える場合にのみ」認められ、法35条1項の補償も「財産権の制約が、当該財産権の内在的制約の範囲内と認められる場合」には必要ないとした。そして、法による公園区域の指定に伴う私権の制限は「人間の健康で文化的な生活に欠くことができない自然環境保全のためのものであり、高度の公共の福祉を維持するためのものである」から、「一般的に憲法29条2項に由来する権利に内在する制限として甘受すべきもの」であると主張した。

　②他方、公園指定区域の土地・工作物等の「従前の利用状況如何」により、「財産権を剥奪するのに等しい場合…例えば、建物の改築が許されないことにより、従前の営業が不可能となる場合、林業経営のため植林した竹木の伐採が許されないため、当該地における林業営業が不可能となる場合等」は、「憲法29条3項の理念に基づき補償を要」し、「かかる場合の補償義務及びその手段を定めたのが法35条1項である」。しかし、Xの本件山林利用は、従前は薪炭林として利用していたに過ぎず、薪炭の需要がなくなった後は自然林のまま放置しており、国定公園の指定を受けた後も同様の状態であるから、本件山林の採石は通常の利用方法ではなく、採石制限が従来の土地利用を変更す

るものでもないゆえに、本件不許可決定に対する補償は必要ない。仮に通常損失について地価低落説（土地利用制限に対する代償は土地利用制限による土地の利用価値の低下を償うものであり、同利用価値の低下は利用制限によって生じた地価の低下に反映するので、同低下額を損失とみる考え方）を採るとしても、Xは本件利用制限によって生じた地価低落を何ら具体的に示していないから、本件不許可決定によって発生する通常損失は全く認められない。

③さらに、Yは、Xの採石許可申請は法による「特別地域指定の趣旨を根本より覆す暴挙」であり、Xの計画による採石も事実上不可能で、「単に損失補償のみを目的としたもの」と疑われるし、「災害発生の原因ともなる行為」であるから、土地所有者としての権利の濫用行為であり、同申請権の濫用に当たるなどと反論した。

### （4）第1審判決

東京地裁は、Yの主張を認め、Xの請求を棄却した[41]。すなわち、①「自然公園内におけるすぐれた風致及び景観を保護するために必要でかつ合理的な範囲内において制限を加えることは、当該土地所有権自体に内在する社会的制約の具体化である」から、補償を要しない。

また、②法35条1項による「通常生ずべき損失」とは「自然公園内にある土地の所有権に内在する社会的制約を超えて特別の犠牲として当該財産権に加えられた制限によつて生ずる損失、例えば、自然公園として指定される以前の当該土地の用途と連続性を有しあるいはその従前の用途からみて予測することが可能であるような当該土地の利用行為を制限されたことによつて生ずる損失、当該利用行為に基づく

---

41) ★東京地判昭和61・3・17行集37巻3号294頁・判時1191号68頁。本判決につき、江橋1987:108頁、又坂1987:169頁、高木1987:108頁、武永2007:234頁参照。

現状の変更が、その土地が自然公園として指定されている趣旨と調和させることが技術的に可能な程度にとどまるものであるにもかかわらず、その利用行為を制限されたことによって生ずる損失、その他離作料、物件移転費等予期しない出費を現実に余儀なくされた場合におけるその積極的かつ現実的な出費による損失等を指すものと解するのが相当」である。

これを不服として、Xが控訴した。

### (5) 第2審における原告・被告の主張

第2審においてXは、①法による財産権の制約は「美しい自然景観を維持し、これを後世に残そうとする積極的福祉目的に基づくもの」であるから、土地所有権の内在的制約とはいえず、「国民全体の出捐によって負担すべきもの」である、②法35条の定める損失補償の内容は「土地の利用方法が限定されたことによってその所有者が受けることになったと合理的に認定しうる一切の損失を含む」と解すべきで、積極的な実損の補塡説によるべきでない等の追加主張をした。

これに対し、Yは、憲法29条2項は「公共の福祉」の内容について何ら限定していないから、「消極的警察目的による公用制限と積極的福祉目的による公用制限との間で、公共の福祉に質的な差異」はなく、「財産権の制約の目的が高度の公共性による場合には、法令上に規定された財産権の制限がその目的からみて合理的なものであればその内在的制約というべき」であり、「本件における土地所有権の利用制限の目的は、自然環境の保全という高度の公共の福祉を維持するためである」などと反論した。

## 2. 裁判所の判断

　第2審判決は、損失補償の要否一般に関する憲法29条3項の解釈および本件不許可決定による損失補償の要否に関して第1審判決を認容し、Xの控訴を棄却した[42]。その際、理由として、つぎの点を追加した。すなわち、────
　①法35条による補償対象となる損失は、法17条3項所定の特定の行為につき同条項所定の許可を得られなかったために受けた損失に限られ、法17条1項による特別地域の指定自体によって受けた損失は含まれない。
　②特別地域の指定自体によって生じる土地の公用制限は「一般的な制限」であり、「社会一般の通念上、都市計画法や建築基準法等による土地の利用制限と同様に、土地の所有権等に内在する制約にとどまるものと解される」から、「それによって受ける損失はこれを当然に受忍すべきもの」である[43]。
　しかも、③「土地は本来社会的共同生活の基盤をなす公共的性格の強い財産であって、その存在する地域社会の特性に応じた内在的制約に服すべきもの…（民法206条、207条参照。）」であるが、「土地の所有権に内在する制約は、固定的なものではなくして、時代の変遷とともに変化するもの」であり、「近時、国民の社会的共同生活の安定、

---

42) ★東京高判昭和63・4・20高民41巻1号14頁・判時1279号12頁。本件につき、宇賀1990:119頁、田中舘1988:136頁、戸波1989:218頁、高橋2004:168頁、原田1989:47頁、橋本＝松山1990:140頁参照。
43) これに対し、「土地等の利用制限という点では共通であっても、森林法35条や文化財保護法45条2項は、保安林の指定や環境保全の措置がなされた場合には、土地等の所有者等がそれらの処分自体によって受けた損失を補償すべき旨を規定している」とする。

向上を図る必要上、自然環境の保全、公害の防止、文化財の保護、健全な都市計画の策定、無秩序な土地開発や地価高騰の抑制等、諸々の公共的見地から、土地の使用、収益、処分に対する多種多様の規制が設定、強化されており、それに伴い、土地の所有権に内在する制約の範囲ないし程度もますます増大」しており、「土地の公用制限による損失補償の要否を決定するにあたっては、このような事情を十分に考慮しなければなら」ないから、特別地域の指定自体によって土地所有者等が受ける損失は「社会一般の通念上、これを当然に受忍すべき範囲内のもの」で、損失補償を要しない。

④法に基づく「特別地域指定の趣旨に著しく反することが明らかな土地の使用、収益行為を目的とする許可申請は、もともと〔自然公園〕法が予定していないもの」で「許可申請の濫用」というべきであるから、不許可となった場合も損失補償を要しない[44]。

その後、第2審判決に対して上告はされず、同判決は確定した。

## 3. 考察

### （1）土地利用制限による損失補償の要否

損失補償の要否を判断する基準として、学説上は、（a）警察目的的な消極的制限は補償不要であるが、公益増進的な積極的制限は補償が必要であるとする、公権力の規制目的による二分説、（b）財産権に内在する制約は補償不要であるが、財産権の剥奪または本来的効用・本質的機能の妨害に至っている場合は補償が必要であるとする、財産権の制約態様による二分説、（c）当該行為の目的の限定性・財産権制限の強度・財産権制限の方法の特殊性を総合的に考慮し、当該行為

---

[44] 判旨は、同旨の都市緑地保全法7条1項、古都における歴史的風土の保存に関する特別措置法9条1項を引用する。

が目的とする利益享受者の範囲が限定されるほど、財産権制限の程度が強いほど、財産権制限の方法が一般的な手法でないほど、補償を要する方向に作用するとする、総合的・相関的判断説[45]などがある。なお、主として憲法学上の議論では、(c') 相隣関係上の制約や財産権に内在する社会的制約の場合は補償不要であるが、それを超えて特定の個人に「特別の犠牲」を加えた場合は、負担の公平の観点から、補償が必要であり、「特別の犠牲」といえるか否かは、①侵害行為の対象が広く一般人に及ぶ公益増進的なものか、特定の個人・集団に限られるか（形式的要件）、および②侵害行為が財産権に内在する社会的制約として受忍すべき限度内か、それを超えて財産権の本質的内容を侵すほど強度なものか（実質的要件）を総合的に考慮して判断すべきとの立場が通説とされる[46]。これは、(a) 説と (b) 説の折衷説とみることができ、全体として (c) 説に接近しているように思われる。概して、形式的・画一的基準（(a) 説・(b) 説）から、実質的・総合的判断（(c) 説・(c') 説）への傾向が見出される。

　さらに、土地の合理的・計画的な利用の必要性が高まることに応じ、土地の社会的規制が不可避となり、土地利用規制については、補償不要とされることが多い[47]。また、財産権制限の態様には、警察目的的・消極的制限か公益増進的・積極的制限かのいずれかに割り切ることが困難な場合（例えば、都市計画法・建築基準法に基づく土地利用規制など）もある[48]。さらに、たとえ災害防止等の警察目的による消極的制限

---

45) 宇賀 1997a:399-414 頁、西埜＝田辺 2005:52-54 頁、櫻井＝橋本 2013:412-414 頁。又坂 1987:143 頁参照。
46) 田中 1974:214-215 頁、長谷部 2014:243-244 頁、芦部＝高橋 2015:237 頁、辻村 2012:260-262 頁、原田 2012:265 頁、塩野 2013:359 頁、武永 2007:235 頁、橋本 2013:385 頁。
47) 芦部＝高橋 2015:237-238 頁。
48) 塩野 2013:359 頁、櫻井＝橋本 2013:414-415 頁。

であっても、実質的な規制の強度も考慮する必要がある[49]。その結果、近年は、(c')②の実質的要件を中心に補償の要否を判断すべきであるとの見解も有力化している。それは、財産権の剥奪ないし財産権の本来的効用の発揮を妨げるに至る程度の侵害は、権利者側にそれを受忍すべき理由がない限り、当然に補償を要するが、それに至らない程度の規制の場合は、1）当該規制が社会的共同生活の調和を保ってゆくために必要とされるとき（例えば、建築基準法に基づく建築制限）は、財産権に内在する社会的拘束の表れとして、補償は不要であるが、2）他の特定の公益目的のために当該財産権の本来的効用とは無関係に偶然に課される制限（例えば、重要文化財の保全のための制限）であるときは、補償が必要とみる[50]。

本事例では、XもYも、また、第1審・第2審判決も、土地の利用制限に対する損失補償の要否に関する判断基準そのものに関しては、それが財産権に内在する制約といえるかどうかに従って判断しており、いずれも（b）説ないし（c'）説の②要件を重視する立場に属すると考えられる[51]。このことは、（b）説ないし（c'）説が判断基準として必ずしも有効に機能していないことを示唆しているように思われる。

興味深いことに、日本と類似した議論は、「正当な補償」（アメリカ合衆国憲法第5修正）をめぐる判例・学説の展開にも見出される。そ

---

49) （a）説に立ち、「災害を防止し公共の福祉を保持する上に社会生活上已むを得ない」制限は「財産権を有する者が当然受忍しなければならない責務」であるから、憲法29条3項の損失補償を要しないとした判例（★最大判昭和38・6・26刑集17巻5号521頁。ただし、3裁判官の補足意見、3裁判官の少数意見がある）に対する、大橋2012:530頁。

50) 今村1968:31頁、塩野2013:359頁、芦部＝高橋2015:238-239頁、辻村2012:260頁。

51) 又坂1987:172頁は、自然公園法による指定を所有権にとって偶然的・外在的制約と解しつつ、補償の要否の判断基準については、前記（c）説の方向性を志向する。

こでも、憲法に基づく損失補償の要否の判断基準として、（ a ）物理的侵害があり、かつそれが有害な財産使用の抑制に当たるのでなければ補償すべきとする見解、（a'）政府の行為が利害の調整者に当たるときは補償を要しないが、企業者に当たるときは補償を要するとの見解、（ b ）財産価値が過度に減少する場合は補償を要するとの見解、（b'）「こぼれ出し」効果（他人の財産に対する迷惑効果）をもたない財産の価値が減少し、かつそれが他の類似の状況にある権利者と比較して差別的例外に当たるときは補償すべきとする見解、（ c ）「公正さ」（fairness）を欠く場合は補償すべきとの見解、（c'）憲法解釈を通じて財産権根拠論（①労働による功績、②正義と公平、③効率性の諸原理）に依拠して総合的に判断すべきとする多元説などがみられる[52]。

　私見は、①法に基づいて指定された特別地域内の土地に対して権利をもつ者が、公共の福祉に基づいて課される制約は、法の理念に合致した自然条件を共通に備える土地に対し、相当広範囲にわたって平等に課される制約であることから[53]、都市計画法や建築基準法に基づく制約と類似した性質をもつこと、②特別地域の指定は、地役権、その他の土地利用権の設定を伴うものでもないから、権利対価補償を認めるのは妥当でないと解する。しかし、それによる指定補償の否定は何らの損失補償も認められないことを意味するものではない。

## （2）土石採取許可申請等が不許可の場合に認められる通損補償の法的性質と内容

　法旧17条3項（現20条3項）に基づく土石採取の許可申請が不許

---

52) 判例として、例えば、Nollan v. California Coastal Commission, 107 S. Ct. 3141 （1987）があり、損失補償を必要とした結論（5対4の多数決）に対し、賛成説と反対説の論争がある（Munzer 1990, pp. 464-468）。
53) 田中舘 1988:139-140 頁参照。

第2章　損失補償の要否と内容

可となった場合、法旧35条1項（現64条1項）に従い、「通常生ずべき損失」の補償を得ることができる。この不許可補償の法的性質については、これを政策的補償と解する説もある。しかし、憲法29条3項の「正当な補償」の一類型と解する説が多数であると考えられる[54]。本件第1審判決も、それは「土地の所有権に内在する社会的制約を超えて特別の犠牲として当該財産権に加えられた制限によって生ずる損失」の補償であるとしていることから、憲法（29条3項）上の正当な補償説に立つものと解される。

しかし、同判決は「通常生ずべき損失」の補償は、「いわゆる講学上の損失補償ではなく、ただ不許可処分等によつて予期せざる経費等が必要となり、あるいは従前の方法による土地利用ができなくなり、土地の収奪に等しい損失が発生した場合等にこれを補償する特殊な補償制度」であるともいう。これは、「通常生ずべき損失」の補償の内容に関する実損補償説を根拠づけるためであると解される。しかし、その一方で、同判決は、法旧35条に基づく損失補償の要否を憲法29条3項に基づく損失補償の要否の基準を用いて判断し、政策補償説ではなく、正当補償説に立脚するものであるから、これを「特殊な補償制度」と表現することは誤解を招きやすい。それがいわんとする趣旨は、たとえ権利対価補償がない場合でも認められる通損補償の類型が成立可能かつ必要であることを示すことにあると考えられる[55]。

この通損補償の内容については、（a）相当因果関係説[56]、（b）地価低落説[57]、（c）積極的実損補償説[58]等があるが、本事例の第1

---

54) 原田1989:49頁、宇賀1990:122-123頁、125頁、武永2007:235頁参照。
55) ただし、立法経緯等に照らせば、法旧35条1項（現64条1項）の通損補償は、特別地域への指定によって生じる損失が顕在化する不許可処分の段階で、指定に伴う損失を補償する趣旨とみるべきことが、最も妥当とされることに留意する必要がある。宇賀1990:125頁、原田1989:49頁。その場合、指定自体に伴う損失は、原則として地価低落分となる。

審・第2審判決は（ｃ）説に依拠する。その具体的内容は、第1審判決によれば、「〔1〕自然公園として指定される以前の当該土地の用途と連続性を有しあるいはその従前の用途からみて予測することが可能であるような当該土地の利用行為を制限されたことによって生ずる損失、〔2〕当該利用行為に基づく現状の変更が、その土地が自然公園として指定されている趣旨と調和させることが技術的に可能な程度にとどまるものであるにもかかわらず、その利用行為を制限されたことによって生ずる損失、〔3〕その他離作料、物件移転費等予期しない出費を現実に余儀なくされた場合におけるその積極的かつ現実的な出費による損失等」である。その理由として、「損失補償の制度は、不法行為によって生じた損害を補塡するいわゆる損害賠償の制度と異なり、適法な公権力の行使によって生じた私有財産権への侵害を客観的に評価してこれを補塡することを目的とするものであるから、損失補償においては、適法な公権力の行使による侵害の結果生じることあるべき経済的損害のすべてを補償することを建前とするものではない」点を挙げる。第2審判決も、この理由説示を「同一である」として引用している。ここでは、相当因果関係に立つ損害の賠償を原則とする不法行為制度との相違が強調されている。

　私見は、公権力の行使（法に基づく土石採取許可申請に対する不許可

---

56) 行政庁により土地の利用方法が制限されたため、土地所有者が蒙ることになった損失のうち、利用制限行為と相当因果関係にあると認められるものの全部を損失とみる考え方。

57) 土地の利用制限に対する代償は、もっぱら土地の利用制限によってもたらされる土地の利用価値の低下を償うに足りるものであればよく、同利用価値の低下は終局的には利用制限によって生じた地価低下に反映するので、同低下額を損失とみる考え方。★東京地判昭和57・5・31判時1047号72頁。なお、前掲・注55も参照。

58) 特定の土地の利用行為が制限ないし禁止されたため、土地利用者が現実に予期しない出捐を余儀なくされた場合に、その積極的かつ現実的な出費のみを補償すれば足り、将来の期待利益の喪失も地価低下分の補償も必要ないとみる考え方。

決定）が、故意・過失のない適法な権限行使と認められるならば、それによる損失の回復を不法行為規定に従って解釈することは妥当ではなく、当該公益創生プログラムに即した状態変化に対する回復を基準とする実損補償説が妥当であると考える[59]。その結果、財産権制限による財産権の価値低落分に対する権利対価補償は認められないものの、そうした財産権制限に伴う状態変化によって通常生じる損失の補償は認められうる[60]。そして、この考え方をため池条例判決[61]に当てはめるならば、同事例でも、離作料、物件移転費用等、従前の利用行為を制限されたことによって生じた積極的・現実的出費による損失の補償を、憲法29条3項に基づいて請求する余地があったものと考えられる[62]。

---

[59] 松尾 2011:33 頁（なお、松尾 2011:35-36 頁の相当因果関係説を実損補償説に改める）。実損補償説は「政策的補償と解した方がすなおにでてくる」との見方もあるが(高木 1987:113 頁)、むしろ、憲法29条3項の損失補償類型のうち、権利対価補償を伴わない場合の通損補償の原則型と捉えるべきではなかろうか。
[60] 本事例では、そうした出費は認められないから、請求棄却の結論は妥当であろう。
[61] 前掲・注49参照。
[62] なお、同判決（法廷意見）に対する山田作之助裁判官の補足意見は、「相当の補償」を要するとする。もっとも、その内容は具体的には明らかにされていない。

## ⑤ 建築制限が課された土地の収用の場合

最判昭和 48・10・18 民集 27 巻 9 号 1210 頁

**POINT**　前節に引き続き、本節でも土地の利用制限が行われた場合に関し、損失補償の要否と内容の判断基準を検討する。前節では、自然公園法に基づく利用制限（国定公園における特別地域の指定によって必要となる、土石採取許可申請に対する不許可決定）に対する損失補償の要否と内容が問題となった。これに対し、本節では、当初から道路用地の取得を目的として建築規制が行われ、その後当該土地が収用され、それに対する損失補償額が問題になった場合を取り上げる。損失補償の要否と内容について、第 1 審・第 2 審・最高裁と、結論が二転した理由が注目される。

## 1. 事案の概要

### （1）事件の経緯

　$X_1$（原告）は土地 1・2（2 筆の田。合計 81 坪）を、$X_2$（原告）は土地 3・4（2 筆の田。合計 132 坪）を所有していた。土地 1 〜 4（以下、本件土地という）は倉吉都市計画街路用地であり、都市計画法（当時）に基づく都市計画につき、昭和 23 年 5 月 20 日、建設院告示（215 号）をもって A（内閣総理大臣）による計画街路の決定が行われた。それに伴い、建築基準法 44 条 2 項（昭和 43 年法律 101 号による改正前のもの）により、建物の建築等が制限されることになった。

　その後、執行年度割の決定およびその変更を経て、昭和 39 年 1 月

55

14日、Y（被告。鳥取県知事、起業者）は土地収用法33条（昭和42年法律74号による改正前のもの）に基づき、本件土地について鳥取県告示（7号）をもって土地細目の公告を行った[63]。Yは本件土地の所有権を取得するために、$X_1$・$X_2$らと協議（土地収用法40条。昭和39年法律141号による改正前のもの）をしたが、不調となった。そこで、同年2月19日、Yは都市計画法（当時）20条（昭和39年法律141号による改正前のもの）に基づき、収用土地の区域および収用時期についてB（建設大臣。当時）の裁定を求めた。これに対し、Bは、同年3月23日付で本件土地を倉吉都市計画街路事業の用に供するために収用し、その時期を鳥取県収用委員会（C）による当該収用にかかる損失補償の裁決があった日から起算して15日目とする旨の裁定をした[64]。

　昭和39年3月25日、YがCに対し、本件土地の損失補償について裁決申請したところ、Cは同年6月22日、土地1・2の損失補償額を575,100円（7,100円／坪）、その残地補償額を31,808円、土地3・4の損失補償額を1,333,200円（10,100円／坪）とする旨の裁決をした。

### （2）原告および被告の主張

　これに対し、$X_1$・$X_2$は、本件土地は、倉吉上井間に通じる産業道路に面した準宅地といえるものであり、近時発展の一路を辿りつつある場所に所在して地価が上昇しており、近傍類地の売買価格は3.3㎡当たり5万円を下らない（取引実例を提示）にもかかわらず、Cが裁決した損失補償額は低すぎると主張し、土地1・2につき2,430,000円（30,000円／坪）、土地3・4につき5,940,000円（45,000円／坪）

---

63) 土地細目公示制度に関しては、小高 2010: 4頁参照。
64) 本件では、土地収用法72条（昭和42年法律74号による改正前のもの）に基づく「相当な価格」が問題になった。

が妥当であるとして、Yに対し、収用委員会の前記裁決金額を差し引いた額（$X_1$は土地1・2について 1,854,900 円、$X_2$は土地3・4について 4,606,800 円）、およびそれぞれ収用の時期の翌日である昭和 39 年 7 月 7 日から完済に至るまで民法所定年 5 分の割合による遅延損害金の支払を請求した。

これに対し、Yは、本件土地はいずれも昭和 23 年以来街路用地と決定され、建物の建築等ができない性格の土地となっていたのであるから、そうでない近傍地の売買価格と異なるとの主張は土地収用法の補償の趣旨に反すると主張して争った（【図表 2 − 2 ①】）。

【図表 2 − 2 ①】

都市計画街路用地の収用に対する損失補償請求

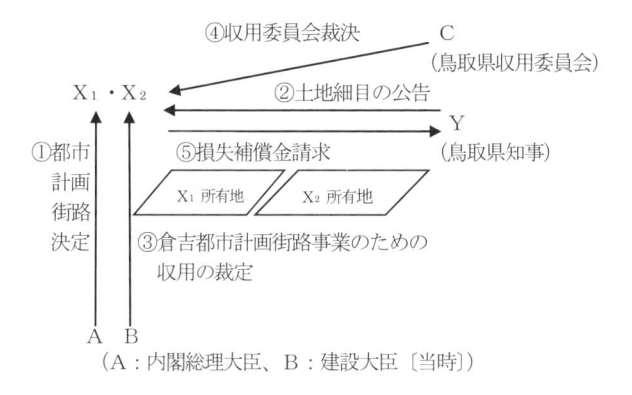

```
                    ④収用委員会裁決    C
                  ←――――――――――  (鳥取県収用委員会)
    X₁・X₂          ②土地細目の公告
                  ←――――――――――
                                    Y
  ↑ ↑           ⑤損失補償金請求     (鳥取県知事)
  ①  ┌─────────┬─────────┐
  都  │ X₁ 所有地 │ X₂ 所有地 │
  市  └─────────┴─────────┘
  計  ③倉吉都市計画街路事業のための
  画    収用の裁定
  街
  路
  決
  定
  A  B
  (A：内閣総理大臣、B：建設大臣〔当時〕)
```

## （3）第 1 審判決

第 1 審判決は、$X_1$・$X_2$の請求を一部認容した[65]。すなわち、土

---

65) ★鳥取地裁倉吉支判昭和 42・11・20 民集 27 巻 9 号 1219 頁。

第2章　損失補償の要否と内容

地1・2の補償額として1,215,000円（15,000円／坪）、土地3・4の補償額として2,640,000円（20,000円／坪）が妥当であるとし、収用委員会の前記裁決金額を差し引いた額（土地1・2について639,900円、土地3・4について1,306,800円）およびそれぞれに対する昭和39年7月7日から完済に至るまで年5分の割合による金員の支払をYに命じた。その際、①「土地を収用する場合の損失補償額は、<u>当該土地が収用されるべく予定されているという事実を考慮の外に置いて、収用されない近傍類地と同等の価値を有するものとして評価すべきもの</u>」とした（下線は引用者による。以下同じ）。

そして、②「土地収用法72条にいう『相当な価格』とは、その土地の通常の交換価格、あるいは一般有用能力を指すものであつて、それは、当該土地が権利者によつて自由に利用され、一般取引市場における通常の取引の対象となり得るものと仮定して評価されるべき価格である」。したがって、本件土地は都市計画街路の決定後は街路用地として使用される運命にあり、建物の建築等が許されない土地として評価するとすれば、「当該土地が収用されなければ被収用者が当然享受しえたはずの利益の一部を収用処分により対価なくして奪う結果となるのであつて『完全な補償』を要求する土地収用法の趣旨に照らし、不当」である。

③本件土地の評価に際し、任意買収価格を資料とするためには、任意買収価格自体が相当な価格であることの検証を前提とするが、本件では「すでに道路用地と決定されている土地は自由市場における取引の対象となり得ないものであつて、道路用地外の土地とは価格の上昇率も異なり、道路用地の買収価格を決定するについて、そうでない土地の取引価格は資料となし得ない」という起業者の誤った考え方に影響され、「相当な価格」を下回った線で妥結された疑いが強い任意買収価格は、参考資料とはなり得ない。

❺ 建築制限が課された土地の収用の場合

　④収用委員会が本件土地の損失補償額の決定の資料とした鑑定では、道路予定地以外の近傍地の取引事例は参酌されていないことから、資料として適切でない。

　他方、⑤もっぱら近傍地の取引事例に基づくX₁・X₂の主張する金額を採用することもできない。

　そこで、⑥本件土地の周辺土地に関心をもち、その個々の取引事例を具体的に検討して取捨選択した資料に基づいている不動産業者の鑑定[66]を最も妥当なものとして採用した。

　これに対し、X₁・X₂、Yがともに控訴した。

## (4) 第2審判決

　第2審は、Yの控訴を認容し、X₁・X₂の請求を全面的に棄却する逆転判決を下した[67]。その際、Yは、本件土地の評価につき、収用委員会の裁決時点ですでに都市計画法・建築基準法による建築制限（前述(1)参照）を受けている以上、当該制限の付された土地として、同裁決時点における価額によって算定すべきであると主張した。

　第2審判決は、Yの主張を容れ、①都市計画法・建築基準法に基づく前記建築制限は「計画道路内における土地所有者が公共の福祉のために受忍すべき社会的拘束力に基づくものであつて土地の所有権者に本来内在する制約である」から、憲法29条3項による損失補償の対象とはならないと解した。したがって、②その場合の土地収用による損失補償額の算定に際しては、本件土地が前記建築制限を受けた土地であるとして評価すれば足りるとし、③そうした解釈に基づいて任意

---

[66] 本件では、収用委員会採決の基礎とされた、山根正二鑑定、竹田賢治鑑定、松本寿一鑑定のほか、岡田憲一鑑定、田栗栄鑑定、安達敏夫鑑定が提出されたが、そのうちの安達鑑定を指す。

[67] ★広島高裁松江支判昭和45・11・27民集27巻9号1231頁。

59

第2章　損失補償の要否と内容

買収した近傍類地の買収価格も「到底通常の取引価格たり得ないとの特別の事情のない限りこれを資料として参酌するもなんら差えない」とした。その際、第2審判決は、本件道路計画地の地権者60数名のうち、任意買収に応じなかったのはX$_1$・X$_2$を含む4名にとどまることも指摘した。

X$_1$・X$_2$が上告した。

## 2. 最高裁および差戻審の判断

### （1）最高裁判決

最高裁は、以下のように述べて、原判決を破棄し、原審に差し戻した[68]。

①損失補償の要否・内容の判断基準に関する一般論として、つぎのような定式を提示する。すなわち、「<u>土地収用法における損失の補償は、特定の公益上必要な事業のために土地が収用される場合、その収用によって当該土地の所有者等が被る特別な犠牲の回復をはかることを目的とするものであるから、完全な補償、すなわち、収用の前後を通じて被収用者の財産価値を等しくならしめるような補償をなすべきであり、金銭をもつて補償する場合には、被収用者が近傍において被収用地と同等の代替地等を取得することをうるに足りる金額の補償を要するものというべく、土地収用法72条</u>（昭和42年法律第74号による改正前のもの。以下同じ。）は右のような趣旨を明らかにした規定と解すべきである」。

---

[68] ★最判昭和48・10・18民集27巻9号1210頁。本判決の評釈等として、芝池1974:544-558頁、松島1979:302-304頁、池田1999:352-353頁、國井2006:508-509頁、舟田1989:150-151頁、矢島2007:226-227頁、小高2010: 4-7頁、柴田1973:147-158頁参照。

❺ 建築制限が課された土地の収用の場合

②この一般論を建築制限が課された土地の収用の場合に適用し、つぎのように述べる。すなわち、「右の理は、土地が都市計画事業のために収用される場合であつても、何ら、異なるものではなく、この場合、被収用地については、街路計画等施設の計画決定がなされたときには建築基準法44条2項に定める建築制限が、また、都市計画事業決定がなされたときには旧都市計画法11条、同法施行令11条、12条等に定める建築制限が課せられているが、前記のような土地収用における損失補償の趣旨からすれば、被収用者に対し土地収用法72条によつて補償すべき相当な価格とは、被収用地が、右のような建築制限を受けていないとすれば、裁決時において有するであろうと認められる価格をいうと解すべきである。なるほど、<u>法律上右のような建築制限に基づく損失を補償する旨の明文の規定は設けられていないが、このことは、単に右の損失に対し独立に補償することを要しないことを意味するに止まるものと解すべき</u>であり、損失補償規定の存在しないことから、右のような建築制限の存する土地の収用による損失を決定するにあたり、当該土地をかかる建築制限を受けた土地として評価算定すれば足りると解するのは、前記土地収用法の規定の立法趣旨に反し、被収用者に対し不当に低い額の補償を強いることになるのみならず、右土地の近傍にある土地の所有者に比しても著しく不平等な結果を招くことになり、到底許されない」。

## (2) 差戻審判決

差戻審は、前記最高裁判決の説示、とりわけ「土地収用法72条によつて補償すべき相当な価格とは、被収用地が、右のような建築制限を受けていないとすれば、裁決時において有するであろうと認められる価格をいう」との判断に依拠して原判決を認容し、Yの控訴を棄却した[69]。その結果、本件では、当初は地権者$X_1$・$X_2$の主張と収用

委員会Cの裁決との間に4倍を超える土地評価額の差があったが、最終的に両者の主張のほぼ中間の評価をとった数値で決着することになった(【図表2-2②】)。

**【図表2-2②】**
建築制限が付された土地の評価

|  | X₁の土地1・2<br>(合計81坪) | X₂の土地3・4<br>(合計132坪) |
|---|---|---|
| 収用委員会 | 575,100円 (7,100円/坪) | 1,333,200円(10,100円/坪) |
| X₁・X₂主張 | 2,430,000円<br>(30,000円/坪) | 5,940,000円(45,000円/坪) |
| 第1審 | 1,215,000円<br>(15,000円/坪) | 2,640,000円(20,000円/坪) |
| 第2審 | 第1審判決取消し | 第1審判決取消し |
| 最高裁 | 原判決破棄・差戻し | 原判決破棄・差戻し |
| 差戻審 | 控訴棄却(第1審判決認容) | 控訴棄却(第1審判決認容) |

## 3. 考察

### (1)「正当な補償」(憲法29条3項)の意義

本件の最高裁判決は、「土地収用法における損失の補償」の意義につき、「完全な補償、すなわち、収用の前後を通じて被収用者の財産価値を等しくならしめるような補償をなすべきであり、金銭をもつて

---

69) ★広島高裁松江支判昭和49・7・31行集25巻7号1039頁。本判決の評釈として、綿貫1976:107-126頁参照。なお、X₁は昭和48年3月18日に死亡し、その妻および子5人(他の2人は相続放棄)がその権利を承継した。

補償する場合には、被収用者が近傍において被収用地と同等の代替地等を取得することをうるに足りる金額の補償を要するもの」という一般的定式を提示した。これは、直接には土地収用法72条（昭和42年法律74号による改正前のもの）にいう「相当な価格」の解釈として提示されたものであるが、同条は憲法29条3項の「正当な補償」を具体化した規定の一つと解されるから、この定式は憲法上の「正当な補償」の解釈に関する完全補償説をとる判例を形成する契機になったと考えられる[70]。

## （2）用地取得のために建築制限が付された土地に対する損失補償の要否と内容

本判決が提示した完全補償説は、当初から都市計画事業に必要な用地取得のために都市計画法・建築基準法に基づいて土地に建築制限が課され、当該土地が収用された場合における損失補償の要否および内容に関し、どのような判断基準に具体化されるであろうか。

本判決は、街路計画等施設の計画決定がされたときは建築基準法（旧44条2項）に定める建築制限が、都市計画事業決定がされたときには都市計画法（旧都市計画法11条、同法施行令11条・12条等）に定める建築制限が被収用地に課されるが、前記のような土地収用に対する損失補償の趣旨からすれば、土地収用法72条に基づいて補償すべき「相当な価格」とは、被収用地が前記のような「建築制限を受けていないとすれば、裁決時において有するであろうと認められる価格をいう」と解すべきであるとした。その限りでは、法律に基づく「建築制限」に対しても損失補償が認められることを意味する。本判決は、「法律上右のような建築制限に基づく損失を補償する旨の明文の規定は設け

---

[70] 小高 2010: 5頁、松尾 2011: 47頁参照。

られていないが、このことは、単に右の損失に対し独立に補償することを要しないことを意味するに止まるもの」と解し、建築制限が存在する土地の収用に対する損失補償の決定に際し、「かかる建築制限を受けた土地として評価算定すれば足りると解するのは、前記土地収用法の規定の立法趣旨」（前述（1）参照）に反すると結論づけた。その理由として、本判決は、建築制限を受けた土地としての評価は、（ア）被収用者に対し不当に低い額の補償を強いること、および（イ）当該土地の近傍にある土地の所有者に比しても著しく不平等な結果を招くことを挙げた。

このうち、（ア）については、仮に建築制限を受けた土地として損失補償額が評価されるとすれば、①地権者は、土地上の建築制限それ自体によってすでに損失が生じているにもかかわらず、それに対する補償がされないという負担とともに、②当該土地の収用の段階でも低落した土地価格によって算定された補償金額しか得られないことにより、二重負担を負わされることになるという説明を付加することができよう[71]。

また、（イ）の理由については、すでに第1審判決が、「法の要求する公平は、買収された者と買収されなかつた者との間の公平」であると指摘していた[72]。

---

[71] 小高 2010: 7頁、矢島 2007: 227頁。
[72] 前掲・注65参照。なお、道路用地として同様に建築制限を受けた被買収者のうち、任意買収に応じた者と応じなかった者（本件では、60数名中 $X_1 \cdot X_2$ を含む4名のみ）との公平についても、一般的には考慮に入れるべきであり、それゆえに任意買収価格を収用による損失補償額の決定資料とすることも原則的に認められるであろう。しかし、第1審判決は、それは任意買収価格自体が土地収用法72条（当時）の「相当な価格」であることを前提としていることに注意を喚起する。なぜなら、「ある公共事業の用地として多数の所有者から用地を買収するにつき集団または個別の交渉によって決定される任意買収価格は、政治的その他もろもろの要素が絡み合つて、一対一の自由取引市場における土地売買価格の決定とは異つた様相を呈することが多々あることは、経験則上明らか」だから

では、この法理は、土地に対する様々な建築制限の中で、どのような場合にまで拡張されうるであろうか。土地に対する利用制限がどのような場合に損失補償の対象となるかについての一般論の中で、本判決の論理の射程範囲を位置づける必要がある。

### （3）土地利用制限一般に対する損失補償の要否と内容

　前回確認したように、自然公園法に基づく特別地域の指定によって生じる土地利用制限の場合につき、下級審裁判例は「当該土地所有権自体に内在する社会的制約の具体化であり」[73]、「社会一般の通念上、都市計画法や建築基準法等による土地の利用制限と同様に、土地の所有権等に内在する制約にとどまるものと解される」から、それによって生じる損失は「当然に受忍すべきもの」であると解している[74]。また、最高裁も（旧）都市計画法に基づく建築制限が課されたことに対する憲法29条3項に基づく損失補償請求に対し、「原審の適法に確定した事実関係の下においては、上告人らが受けた上記の損失は、一般的に当然に受忍すべきものとされる制限の範囲を超えて特別の犠牲を課せられたものということがいまだ困難である」として、請求を棄却した[75]。

---

　　　である。したがって、「かりに、大多数の被買収者が何らかの要因から、収用法72条の予定する相当な価格を下廻る価格で買収に応じた場合、それに不服の一部の者に対する収用損失補償額を決定するにつき右任意買収価格は、ほとんど参考資料となり得ない」とする。
73）★東京地判昭和61・3・17行集37巻3号294頁。
74）★東京高判昭和63・4・20高民41巻1号14頁。私見も、①当該特別地域内の土地に対して権利をもつ者が、公共の福祉に基づいて課される制約は、法の理念に合致した自然条件を共通に備える土地に対し、相当広範囲にわたって課される制約であることから、都市計画法や建築基準法に基づく制約と類似した性質をもつこと、②特別地域の指定は、地役権、その他の土地利用権の設定を伴うものでもないから、権利対価補償を認めるのは妥当でないと解した。前述❹節3（1）末尾の私見参照。

第 2 章　損失補償の要否と内容

　土地利用制限に対する損失補償を原則として否定するこれら一連の裁判例と、本判決との相違はどこから生じるものであろうか。前者では土地の利用制限それ自体に対する損失の補償が直接に求められているのに対し、後者では当初から用地の買収・収用に通じる利用制限が課され、かつ当該土地の買収・収用に対する損失補償額の算定の中で土地利用規制分を考慮すべきかどうかが問題になっているという相違がある。この点も含め、私見としては、（ア）一方で、土地利用規制の対象となる土地の位置・形状、従来の利用経緯、一般的な利用形態、

---

75) ★最判平成 17・11・1 判時 1928 号 25 頁。昭和 13 年 3 月 5 日付けで旧都市計画法（昭和 43 年法律 100 号による廃止前のもの）3 条に基づき内務大臣が決定した都市計画に係る道路に関し、土地の共有持分権者である上告人らが、上記道路の区域内にその一部が含まれる土地について建築物の建築の制限を課され、それを超える建築物の建築をして一団の本件土地を使用することができないことによって損失を受けているとして、憲法 29 条 3 項に基づいて補償請求をした事案。なお、藤田宙靖裁判官は補足意見で、「私人の土地に対する都市計画法（以下『法』という。）53 条に基づく建築制限が、それのみで直ちに憲法 29 条 3 項にいう私有財産を『公のために用ひる』ことにはならず、当然に同項にいう『正当な補償』を必要とするものではないことは、原審のいうとおりである。しかし、公共の利益を理由としてそのような制限が損失補償を伴うことなく認められるのは、あくまでも、その制限が都市計画の実現を担保するために必要不可欠であり、かつ、権利者に無補償での制限を受忍させることに合理的な理由があることを前提とした上でのことというべきであるから、そのような前提を欠く事態となった場合には、都市計画制限であることを理由に補償を拒むことは許されないものというべきである。そして、当該制限に対するこの意味での受忍限度を考えるに当たっては、制限の内容と同時に、制限の及ぶ期間が問題とされなければならないと考えられるのであって、本件における建築制限のように、その内容が、その土地における建築一般を禁止するものではなく、木造 2 階建て以下等の容易に撤去できるものに限って建築を認める、という程度のものであるとしても、これが 60 年をも超える長きにわたって課せられている場合に、この期間をおよそ考慮することなく、単に建築制限の程度が上記のようなものであるということから損失補償の必要は無いとする考え方には、大いに疑問がある。その意味において、原審及び（その引用する）第 1 審判決は、一般的な法 53 条の建築制限について指摘するに止まり、本件決定から既に 60 年以上経過しているという本件に特有の事情についての判断が明示されていない、という限りでは、上告論旨には理由がある」とする。

開発の可能性、当該土地利用方法に対する社会的期待等を[76]、（イ）他方で、当該土地利用規制の強度、期間の長さ等の内容を考慮し、（ア）については、当該土地の本来的な利用方法をより積極的な公益増進のために変更し、（イ）については、そのためにより強度の規制をより長期にわたって課す場合には、新たな公益創生活動が認められる一方で、いわゆる狭義の財産権の価値の縮減が認められることから、それに対する損失補償を要するものと解する[77]。この場合における損失補償の必要性の法理上の説明（法的構成）としては、（a）土地所有権の部分収用と構成するか、（b）土地に対する特殊の権原（一種の公用使用権類似の権利）の設定と構成するか、議論があるが[78]、（c）端的に狭義の財産権の価値の縮減と解すべきであろう。

---

[76] 藤田・前掲注75は、当該事案では結論的に損失補償を要しない理由として、①本件土地の所在地域が従来高度な土地利用が行われていた地域でないこと、②当該土地利用規制の範囲内でも建物の再築・改築が可能であることを挙げている点が注目される。
[77] 狭義の財産権の意義に関しては、松尾 2011:12頁参照。
[78] 藤田・前掲注75参照。私見は、（b）説が妥当であると解する。

第3章

権利対価
補償に
関わる問題

# ⑥ 事業認定時価格固定制の合憲性

最判平成 14・6・11 民集 56 巻 5 号 958 頁

**POINT**

　本章は、損失補償の具体的内容の第 1 の柱である権利対価補償に関わる事例を検討する。

　まず、本節では、開発利益の帰属に関して、補償対象となる土地所有権等の権利の価格を事業認定時に固定し、その後の開発に起因する価格上昇による利益を権利者に帰属させない制度（事業認定時価格固定制）を定めた土地収用法 71 条の合憲性が問題になった事案を取り上げ、現在の判例の立場を確認し、議論すべき課題について検討する。

　土地収用法 71 条は、「収用する土地又はその土地に関する所有権以外の権利に対する補償金の額は、近傍類地の取引価格等を考慮して算定した<u>事業の認定の告示の時における相当な価格</u>に、<u>権利取得裁決の時までの物価の変動に応ずる修正率</u>を乗じて得た額とする」と定めている（下線は引用者による。以下同じ）。そして、「物価の変動に応ずる修正率」については、「総務省統計局が統計法（平成 19 年法律第 53 号）第 2 条第 4 項に規定する基幹統計である小売物価統計のための調査の結果に基づき作成する消費者物価指数のうち全国総合指数（付録において「全国総合消費者物価指数」という。）及び日本銀行が同法第 25 条の規定により届け出て行う統計調査の結果に基づき作成する企業物価指数のうち投資財指数（付録において単に「投資財指数」という。）を用いて、付録の式により算定するものとする」（土地収用法 88 条の細目等を定める政令 16 条）とされている。これらの法令は、憲法 29 条 3 項に適合するか、適合する（またはしない）とすればそれはなぜかが問題になる。

## 1. 事案の概要

### （1）収用委員会裁決に至る経緯

本件の事案では、収用対象地およびその範囲の誤り、収用対象地の補償額、残地補償額、果樹・立木等の補償額、建物補償額、道路新設・水利回復・防風林植樹・転落防止柵設置等の費用・その消費税相当分の補償等が争われた。以下では、収用対象地の補償額の不当性をめぐる主張に焦点を当てて検討する[79]。

$X_1$～$X_8$（原告・控訴人・上告人。以下、Xらという）[80]は、和歌山県田辺市に土地（3,535.89㎡。以下、本件収用地という）[81]を所有していた。本件収用地は、国鉄（当時）紀勢本線紀伊田辺駅の南東1.8km、紀伊新庄駅の北方800mの地点にあり、新庄地区から麻呂地区に通ずる農免道路（幅員4～5m、未舗装）から約50～100m入った辺りに位置し、その利用状況は大部分がみかん畑で、傾斜部分等は雑木林であった。本件収用地およびその付近は、昭和43年3月29日施行の建設省（当時）告示503号により、宅地造成等規制法3条1項に基づく宅地造成工事規制区域に指定された。

---

[79] ここで取り上げる判決（★最判平成14・6・11民集56巻5号958頁）の判示事項のうち、本節では、事業認定時価格固定制を定める土地収用法71条が憲法29条3項に適合するか否かに関する論争に焦点を当てて検討する。一方、果樹、その他の立木補償の方法および額をめぐる当事者間の争いに関しては、第4章・❶節で改めて取り上げる。

[80] Xらのうち、①$X_2$は昭和44年11月5日に死亡し、その権利・義務を子$X_1$、$X_3$、$X_4$、$X_5$、$X_6$、$X_7$、$X_{11}$および$X_{16}$が承継した。その後、②$X_{16}$が昭和55年6月13日に死亡し、その権利・義務を子$X_8$・$X_9$が承継した。③$X_{11}$が昭和56年12月25日に死亡し、その権利・義務を子$X_{10}$・$X_{12}$・$X_{13}$・$X_{14}$が承継した。

[81] 本件収用地の面積に関しては、Xらは3,565.89㎡と主張したが、3,535.89㎡と認定された。

第3章　権利対価補償に関わる問題

　Y電力会社（被告・被控訴人・被上告人。以下、Yという）は、昭和41年11月頃、新田辺変電所の建設を計画し、同年12月頃から本件収用地を含む付近一帯を建設予定地に決定し、昭和42年1月頃から鉄塔建設用地、送電線用地等の関連用地を含む土地の地形・面積の測量、土地価格鑑定、地上物件調査、補償金試算等の準備を進め、土地所有者と用地取得交渉に入った。Yは約1年かけて、Xらを除く土地所有者から任意買収によって用地を取得した。XらはYから用地買収交渉を受けた当初から代替地の斡旋を求めたが、希望に副う代替地が見つからなかった。Xらが選任した代理人Zは、昭和43年2月頃、Yに損失補償金として総額1億2,300万円を要求し、同年8月には総額7,500万円まで要求額を減額したが、Yが呈示した総額約1,100万円（約1万円／坪）との間には大差があった。Yが同年6月頃に依頼した不動産鑑定では、本件収用地の価格鑑定は、近隣同類地の取引事例価格から造成前宅地見込地として2,000円／㎡と鑑定評価された。Yは同年8月、補償金額を707万1,780円と算定し、収用裁決を申請した（【図表3-1】）。

**❻ 事業認定時価格固定制の合憲性**

**【図表3－1】**

本件収用地の評価をめぐる当事者の主張等

|  | 1㎡当たり単価 | 合計額 |
|---|---|---|
| Xらの主張 | 10,000円 | 3,565万8,900円 |
| Yの主張 | 2,000円 | 707万1,780円 |
| S鑑定 | 1,800円 | 636万4,602円 |
| T鑑定 | 1,562円 | 552万6,060円 |
| 収用委員会採決 | 2,000円 | 707万1,780円 |
| 第1審判決 | 2,000円 | 707万1,780円 |
| 第2審判決 | 2,000円 | 707万1,780円 |
| 最高裁判決 | 2,000円 | 707万1,780円 |

**（2）収用委員会裁決**

　収用委員会が土地収用法65条に基づく鑑定を行ったところ、不動産鑑定士Sは昭和43年4月25日時点の本件収用地の価格を1,800円／㎡、総額636万4,602円、鑑定士Tは同年4月25日時点の本件収用地の価格を1,562円／㎡、総額552万6,060円と鑑定した（図表3－1）。収用委員会は、さらに独自に現地調査を行い、果樹を408万947円とし、立木と建物については補償金額を具体的に明示しないまま、事業認定時の価格を全体としてYの申請額と同額の1,124万261円とし、これに事業認定時から裁決時までの物価変動に応じる修正率を乗じた1,137万6,745円を本件損失補償額と認定した。この金額は、地上物件を含めて、事業認定時で3,178円／㎡、裁決時で3,217円となるが、本件収用地の補償額に関しては、Yの主張を認容したものと解される。

73

## 第3章　権利対価補償に関わる問題

### （3）原告の主張

　Xら（原告）はつぎのように主張した。すなわち、本件収用地を含む近隣土地は、宅地開発を目的とした基礎準備が行われており、田辺市は地方都市としては珍しく工業、漁業、観光都市として飛躍的発展を遂げたため、市街地に近い山林を宅地化する必要に迫られ、現に本件収用地のすぐ手前では住宅建築が行われているほか、本件収用地より奥地においてさえ、前記農免道路に沿って宅地開発工事が行われており、付近の山林所有者は宅地開発目的者から買受交渉を受けている。また、本件収用地は、前記農免道路の入口付近に位置し、南面のひな段型を形成しているため、方位、日照が良好である。以上の事情に近隣同類地の取引価格等を考慮すれば、本件収用地の収用当時の価格は1㎡当たり1万円を下らない（【図表3－1】）。

### （4）被告の反論

　これに対し、Y（被告）は、以下のように反論した。すなわち、――
　①本件収用地は、標高約30ｍの丘陵地にあるみかん畑と傾斜部分等の雑木林であり、かなりの高低差と段々状の部分がある。その近隣は、前記農免道路沿いに宅地化動向が見られるが、本件収用地は同農免道路から約50〜100ｍ入っており、単独での宅地化は困難である。
　②収用地の補償金の額は、現在の利用方法を離れ、客観的に社会の普通人にとって最も合理的で最善の利用方法と認められるものを標準として定めるべきである。その際、現在の利用方法よりも高い有用能力である宅地としての利用方法を標準とするためには、宅地とすることの経済的可能性の存在、それを実現する根拠の期待可能性等が要件となり、特別投資によって初めて可能となるような利用価値は補償上考慮されない。
　③収用地の補償金の額は、近傍類地の取引価格を考慮して算定され、

❻ 事業認定時価格固定制の合憲性

被収用者にとっての特別の利用価値、特別の事情等、主観的事情に着目して補償されるべきものではなく、客観的な市場価値を補償すべきものである。

### (5) 第1審判決

　第1審判決は、Xらの請求を棄却した[82]。理由は以下のとおりである。

　$X_2$は、本件収用地は宅地見込地であり、収用時の価格は1万円／㎡を下らないと主張するが、本件収用地は直接道路に接しておらず、単独での宅地化は困難であり、その周辺地も宅地造成工事規制区域に指定され、宅地化の動向が顕著に見られる状況でもなかった。任意買収された周辺地は、道路に接するA所有の田が7,500円／㎡であったほかは、いずれも地上物件を含めて3,025円／㎡～3,933円／㎡であった。また、これらの土地がなだらかであったのに比べ、本件収用地は相当高低差があってやや価格が低いと考えられるから、その補償額が地上物件を含めて事業認定時で3,178円／㎡とされたことが隣地に比較して不相当に低額であるとは認められない。さらに、本裁決は事業認定時の本件収用地の価格としては、鑑定結果中最も高額の2,000円／㎡とするYの申請額をそのまま認めたものと推認される。これらの事情を総合すると、本件収用地の補償金額は相当である（【図表3-1】）。

### (6) 第2審における主張と判断

　（ア）原告の追加主張

　　　Xらは、以下の主張を追加し、本件収用地の補償金額は1万円／㎡が相当であるとした。

---

[82] ★大阪地判昭和62・4・30民集56巻5号970頁。

第3章　権利対価補償に関わる問題

　①昭和43年〜44年にかけて土地価格の上昇傾向が顕著で、かつ継続的に存在していたから、「このような場合の収用補償金額は収用裁決時を基準に算定すべきであり、事業認定時とするのは、憲法29条3項に定める正当な補償とはいえず、…収用は同条に違反する」。

　②本件収用は、国道42号線バイパスの調査着手の事前作業として、これを秘匿してなされたもので、いわゆるインサイダー情報を秘匿して行われたものであるから、同情報を収用価格に反映しなければ、公正の原則上、正当な補償とはいえない。

　また、鉄塔用地に関する価格情報が意図的に秘匿され、近傍類似地の価格情報が起業者の情報操作により歪められているので、正しい価格情報により判断し直すべきである。

(イ)　第2審判決

　第2審は、以下の理由により、Xらの控訴を棄却した(【図表3−1】)[83]。

　①「憲法29条3項に定める『正当な補償』とは、完全な補償、すなわち、収用の前後を通じて被収用者の財産価値を等しくならしめるような補償を意味し、土地の収用において金銭補償をする場合には、被収用者が近傍において被収用地と同等の代替地を取得することをうるに足りる金銭の補償を要するものというべきである〔最一小判昭和48年10月18日民集27巻9号1210頁を引照〕。土地収用法71条の『相当な価格』もこの趣旨に解すべきであるから、近傍において被収用地と同等の代替地を取得することをうるに足りる価格をいうものと解されるが、土地収用の被収用者は、事業認定の告示後は、権利取得裁決前においても、補償金の支払を請求することがで

---

83)　★大阪高判平成10・2・20民集56巻5号1000頁。

❻ 事業認定時価格固定制の合憲性

き（同法46条の2）、右請求があった場合、起業者は請求日から原則として2か月以内にその見積額を支払わなければならず（同法46条の4）、右見積額を支払時期に応じて修正した額が裁決による補償額より低いときや支払期限を遅滞したときは、後に収用委員会が権利取得裁決において正当な補償額を裁決する際に、右差額や遅滞額について6.25％ないし18.25％の割合による加算金を付加するものとされており（同法90条の3）、また、事業認定告示の時における相当な価格に、権利取得裁決の時までの物価変動に応じる修正率を乗じた額とするものとされている（同法71条）ことなどからして、被収用者は近傍において被収用地と同等の代替地を取得するに足りる金銭の補償を得ることができるものというべきである。事業認定告示後は、一般の取引がなくなるのが通常であるから、当該収用対象地の地価上昇率を確定するのは困難であり、近傍類似地の地価上昇率についても、認定を受けた事業の実施による開発利益やこれを期待しての投機的要素が加わって上昇することが多いから、近傍の土地の価格の上昇率を加えて算定するのは相当でなく、その他土地の価格形成要因は多岐にわたるものであることなどを考慮すると、事業認定告示の時を基準にして物価の上昇率を乗じて修正して補償額を決定する方法にもそれなりの合理性があるというべきである」。

したがって、事業認定告示の時を基準として補償金額を算定することは憲法29条3項に違反するとはいえない。

②本件収用が、Yの入手したインサイダー情報を秘匿して国道42号線バイパスの調査着手の事前作業として行われ、鉄塔用地に関する価格情報も意図的に秘匿されていたとの事実を認めるに足りる証拠は存在しない。

## （7）上告理由

　本件の事業認定日（昭和43年4月25日）から権利取得裁決の日（昭和44年3月31日）までの間に、市街地の地価は19.8％上昇しているのに対し、裁決書記載の物価変動による修正率は1.0193％にすぎない。このように長期傾向として地価と一般物価の変動率の間に顕著な差があることに鑑みると、土地収用法71条・72条が収用価格を事業認定時に固定し、物価変動に応じた修正率を政令に委ね、政令がこれを「一般物価の変動率」によるとすることは、権利取得裁決時には「近傍において同等の代替地を取得し得る金額」とならないから、憲法29条3項に反する。また、これを適用した原判決も同条項に反する。

## 2. 最高裁の判断

　最高裁は以下のように述べ、Xらの上告を棄却した（【図表3－1】）[84]。
　①「憲法29条3項にいう『正当な補償』とは、その当時の経済状態において成立すると考えられる価格に基づき合理的に算出された相当な額をいうのであって、必ずしも常に上記の価格と完全に一致することを要するものではないことは、当裁判所の判例〔最大判昭和28年12月23日民集7巻13号1523頁を引照〕とするところである。土地収用法71条の規定が憲法29条3項に違反するかどうかも、この判例の趣旨に従って判断すべきものである」。
　②「土地の収用に伴う補償は、収用によって土地所有者等が受ける損失に対してされるものである（土地収用法68条）ところ、収用され

---

84)　★最判平成14・6・11民集56巻5号958頁。本判決に対しては、以下の解説、評釈等がある。青野2002:465頁、大隈2003:2頁、小高2002:146頁、清水2003:186頁、髙橋2004:200頁、館田2003:17頁、早坂2002:91頁、林2003:11頁。

ることが最終的に決定されるのは権利取得裁決によるのであり、その時に補償金の額が具体的に決定される（同法48条1項）のであるから、補償金の額は、同裁決の時を基準にして算定されるべきである。その具体的方法として、同法71条は、事業の認定の告示の時における相当な価格を近傍類地の取引価格等を考慮して算定した上で、権利取得裁決の時までの物価の変動に応ずる修正率を乗じて、権利取得裁決の時における補償金の額を決定することとしている。」

③「事業認定の告示の時から権利取得裁決の時までには、近傍類地の取引価格に変動が生ずることがあり、その変動率は必ずしも上記の修正率と一致するとはいえない。しかしながら、上記の近傍類地の取引価格の変動は、一般的に当該事業による影響を受けたものであると考えられるところ、事業により近傍類地に付加されることとなった価値と同等の価値を収用地の所有者等が当然に享受し得る理由はないし、事業の影響により生ずる収用地そのものの価値の変動は、起業者に帰属し、又は起業者が負担すべきものである。また、土地が収用されることが最終的に決定されるのは権利取得裁決によるのであるが、事業認定が告示されることにより、当該土地については、任意買収に応じない限り、起業者の申立てにより権利取得裁決がされて収用されることが確定するのであり、その後は、これが一般の取引の対象となることはないから、その取引価格が一般の土地と同様に変動するものとはいえない。そして、任意買収においては、近傍類地の取引価格等を考慮して算定した事業認定の告示の時における相当な価格を基準として契約が締結されることが予定されているということができる。

なお、土地収用法は、事業認定の告示があった後は、権利取得裁決がされる前であっても、土地所有者等が起業者に対し補償金の支払を請求することができ、請求を受けた起業者は原則として2月以内に補償金の見積額を支払わなければならないものとしている（同法46条

の2、46条の4）から、この制度を利用することにより、所有者が近傍において被収用地と見合う代替地を取得することは可能である。

　これらのことに鑑みれば、土地収用法71条が補償金の額について前記のように規定したことには、十分な合理性があり、これにより、被収用者は、収用の前後を通じて被収用者の有する財産価値を等しくさせるような補償を受けられるものというべきである。」

　④「以上のとおりであるから、土地収用法71条の規定は憲法29条3項に違反するものではない。そのように解すべきことは、前記大法廷判決の趣旨に徴して明らかである」。

## 3. 考察

### （1）本判決の意義

　本判決は、土地収用法71条の憲法29条3項への適合性について最高裁が初めて判断したものである[85]。その際、注目されるのは、「正当な補償」（憲法29条3項）の意味につき、昭和28年大法廷判決が提示した法理を引用している（前述2①）ことである。

　一方、損失補償の内容の判断基準に関しては、「土地収用法における補償」を「完全な補償」と解した昭和48年判決があり[86]、本判決も実質的にはその定式を踏襲している[87]。その結果、損失補償の内容に関して相当補償説を採用した昭和28年判決を引用した説明の中で、完全補償説を採用した昭和48年判決の法理を再確認していることは、一見不可解にみえる。その結果、本判決の位置づけとして、昭和28年判決の相当補償説に再び立ち戻ったものか、あるいは昭和48

---

85) 青野 2002:495頁。
86) ★最判昭和48・10・18民集27巻9号1210頁。
87) 前述2③下線部参照。

年判決を踏襲したものかという疑問も生じる[88]。

これに対しては、完全補償説を原則としつつ、財産法秩序を構成する特定の財産権に対する社会的評価が根本的に変化し、それに基づいて当該財産権が公共のために用いられる場合は例外的に相当補償でよいとしたものとみて、整合的に理解する解釈（完全補償原則説）が有力化している[89]。このように、昭和28年判決と昭和48年判決を矛盾するものとみるのではなく、調和的解釈が可能であるとの捉え方が優位性を示しているように思われる[90]。このような調和的解釈を前提にすれば、本判決もまた、完全補償原則説に立ち、その立場から、土地収用法71条の合憲性を判断したものと考えられる。

## （2）残された課題

土地収用法71条による事業認定時価格固定制は、①起業利益（開発利益）の帰属の適正化、②ごね得の排除を目的とするものと解されており[91]、このこと自体の合理性は承認されよう。本判決も、実質的にこのことを考慮し、完全補償原則説の立場から、土地収用法71条の憲法29条3項への適合性を肯定したものと解される。しかしなお、いくつかの問題が残されている。

第1に、収用地（および残地）における開発利益の帰属の適正化が、隣地における開発利益の帰属の適正化とは制度的に連動しておらず、この点のアンバランスを回復するための制度改革の余地があり、その対応が喫緊に求められる。

第2に、地価の急速な上昇局面においては、被収用者の判断・対応

---

88) 國井 2006:509頁。
89) 舘田 2003:17頁参照。
90) 矢島 2007:227頁参照。また、櫻井＝橋本 2013:416頁も参照。
91) 小澤 2012b:44-45頁。

により、近傍類地の取得可能性が困難になる事態も想定され、それがもっぱら被収用者が法の用意した補償金支払制度を利用しなかった落ち度によるものといえるかどうか、疑問を拭い切れない面があるようにも思われる。

　本判決が、損失補償の内容に関する判例として昭和28年判決を引照したことの背景には、このような開発利益の帰属に関する制度の未整備の状態において、開発利益の帰属を可能な限り適正化し、ごね得を防止し、そうした公益的判断ないし効用的判断も加味して、土地収用法71条の合憲性を判断せざるを得なかったことへの配慮が示されているとも解される。

　このように解釈することにより、①昭和28年判決、②昭和48年判決、および③本判決は、整合的に理解することが可能であると考えられる。

　もっとも、昭和48年判決が近傍類地の実質的な取得可能性を重視することにより、生活権補償の要素を含むのに対し[92]、本判決は補償金支払制度を利用することによる近傍類地の取得可能性を肯定することにより、土地収用法71条の憲法29条3項への適合性を判断している点で、土地収用法71条には生活権補償の要素が含まれないと解しているとみて、両判決の間の整合性が問題を残しているとの指摘がある[93]。学説には、このような観点から、土地収用法71条に対して違憲の可能性を指摘する見解もある[94]。

　たしかに、生活権補償は、単なる政策的措置にとどまらず、損失補償の内容を構成する要素として承認すべきものであるが[95]、それは

---

[92] 近藤 1977:18-19頁。
[93] 舘田 2003:18頁。
[94] 今村 1968:134頁。
[95] 松尾 2011:40頁、141頁参照。

被収用者の属性も考慮に入れ、個別・具体的に考慮されるべきである。したがって、権利対価補償に関する客観的な算定基準の一つである土地収用法71条の中に生活権補償の要素を読み込むことは、妥当でないように思われる。

# ⑦ 事業の施行見込みによる起業利益の考慮方法

大阪地判平成 20・8・22 判地 318 号 60 頁

**POINT** 　本節では、前節に引き続き、権利対価補償の算定に関する問題を取り上げる。本節では、土地評価の基本原則を定めた土地収用法 71 条の「事業の認定の告示の時における相当な価格」の意義を分析する。本節で取り上げる事例では、事業の施行が相当程度確実に見込まれる場合に、収用土地の評価において起業利益をどのように考慮すべきかが焦点になった[96]。

## 1. 事案の概要

### （1）事件の経緯

　X（原告）は、大阪府箕面市において、阪急箕面線箕面駅の東方約 2.1 km の場所に土地 α を、同 2.2 km の場所に土地 β を所有していた。Y（被告。大阪府）は大阪府北部を南北に貫く新御堂筋線の拡幅事業（以下、本件事業という）に際し、その西側の土地 α と東側の土地 β について収用手続をとった。その損失補償額をめぐり、収用委員会の裁決額を不服とする X が Y に対し、損失補償金の増額を請求した。

　土地 α は新御堂筋線西側後背地に位置し、東側間口約 22.3 m、北側間口約 42.6 m、面積 1,070.28 ㎡のほぼ長方形の画地で、その東側

---

[96] なお、土地上の物件の移転費用、立木補償、残地補償については割愛する。

❼ 事業の施行見込みによる起業利益の考慮方法

173.50㎡が収用対象となった。土地αは東側で幅員約1.8～2.5mの市道に0～1m低く接し、北側で幅員約1.5～2.5mの同市道に0～1m低く接していた。これらの道路は建築基準法42条所定の道路に該当せず、土地α上に建物を建築するには空き地を設け、同法43条1項但書に基づく特定行政庁の許可を受ける必要がある。土地αは東側が準住居地域、西側が第2種中高層住居専用地域で、いずれも指定建蔽率60％、指定容積率200％である。本件事業認定の告示当時、土地α上（収用対象地外）にはプレハブ事務所が存在した。土地αは本件事業による拡幅前新御堂筋線から約9mの位置にあるが、その間の土地については事業認定告示時にはすべて任意買収され、国またはYがフェンスで囲む等して道路用地として管理していたが、道路としては供用していなかった（【図表3－2①】）。

【図表3－2①】
収用対象土地の概況（略図）

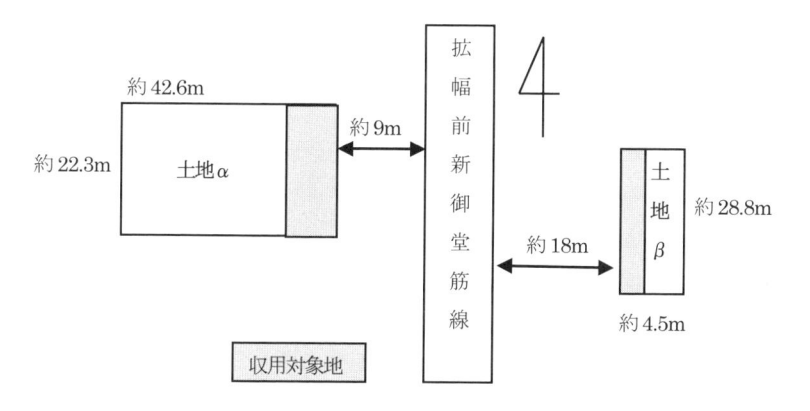

約42.6m
約22.3m
土地α
約9m
拡幅前新御堂筋線
約18m
土地β
約28.8m
約4.5m
収用対象地

土地βは東側間口約28.8m、南側間口約4.5m、面積131.76㎡の南北に長い形状の画地であり、西側61.32㎡が収用対象となった。土地

85

βは、東側で幅員約1.6 mの里道にほぼ等高に、南側で幅員約1 mの里道に0〜0.2 m低く接面していた。土地βは拡幅前新御堂筋線の東側約18 mに位置し、前記里道を通じて同道路に接続していた。これらの里道は建築基準法42条所定の道路に該当せず、土地β上に建物を建築するには空き地を設け、同法43条1項但書に基づく特定行政庁の許可を受ける必要がある。土地βは準住居専用地域で、指定建蔽率60％、指定容積率200％であり、生産緑地（生産緑地法2条3号）である。本件事業認定告示時には、土地βと本件事業による拡幅前の新御堂筋線との間に存在する土地はすべて任意買収され、国またはYがフェンスで囲む等して道路用地として管理していたが、道路としては供用していなかった（【図表3−2①】）。

### （2）被告の主張

Y（被告）は、本件収用手続で、本件告示時における土地αの価格を143,500円／㎡、土地βの価格を112,500円／㎡とし、各収用面積を乗じた損失補償額を土地α 24,897,250円、土地β 6,898,500円と見積もった。

### （3）原告の主張

X（原告）は、本件収用手続で、本件告示時における土地α・土地βの価格を各360,000円／㎡とし、損失補償額を土地α収用対象部分62,460,000円、土地β収用対象部分51,590,000円（なお、土地βの西側に接し、Yが占有・管理する部分〔以下、西側土地という〕もXの所有に属し、収用対象地とすべきであるとし、西側土地も含む補償額）と主張した。

### （4）収用委員会裁決

収用委員会は、本件告示時における土地αに係る損失補償額は 15,770,000 円（90,900 円／㎡）、土地βに係る損失補償額は 4,494,756 円（73,300 円／㎡）が相当であると判断した。

その結果、土地αに係る損失補償額は、収用委員会判断の相当額を上回り、Xの主張額を下回るYの申立額 24,890,000 円（残地補償はなし）、土地βに係る損失補償額は同じく 7,180,260 円（収用対象地価格 6,898,500 円および残地補償額 281,760 円）とした[97]。

収用委員会は、これに本件告示時から本件裁決時までの物価変動に応じた修正率として 1.0014（平成 17 年 10 月〜12 月の全国総合消費者物価指数の平均値を平成 16 年 3 月〜5 月の同指数の平均値で除したものと、平成 17 年 10 月〜12 月の投資財指数の平均値を平成 16 年 3 月〜5 月までの同指数の平均値で除したものとを、8：2 の比率で加重平均して算出）[98]を乗じ、土地αについては 24,932,106 円を、土地βについては 7,190,312 円を本件裁決における本件各土地に係る損失補償額とした。

## 2. 裁判所の判断

### （1）鑑定評価方法について

大阪地方裁判所は、以下のように判断して、Xの補償金増額請求を棄却した。

まず、鑑定評価方法について、本件裁決における土地α・土地βに係る損失補償額については、Yの申立額が採用されたから、その正当

---

[97] 権利対価補償額の決定における当事者主義（処分権主義）による。この点については、松尾 2011:59-61 頁参照。
[98] 土地収用法 88 条の 2 の細目等を定める政令（平成 14 年政令 248 号）16 条に基づく。

第3章　権利対価補償に関わる問題

性はYが依拠したA鑑定およびB鑑定の合理性いかんによるとした。
　（ア）土地αについて
　　A鑑定は、①取引事例比較法と②収益還元法を適用し、かつ③土地αと価格形成要因が類似する公的価格との均衡にも留意した鑑定評価方法を採用した。
　　①取引事例比較法では、土地αと価格形成基盤を同じくする近隣地域内の標準画地を設定し、それと要因の類似した取引事例4例に時点修正・標準化補正を施し、地域要因の比較と個別的要因の比較を行い、得られた各試算価格を概ね相加平均し、標準画地の比準価格を177,000円／㎡と算定した。これに土地αの個別的要因による補正率として0.82（道路との位置関係の優位性による増価率2％、建物建築に幅員4.55mの道路の築造を要し、約150㎡の建築後退を要することによる減価率14％、土地面積が標準画地に比して過大なことによる減価率7％）を乗じ、本件告示時の土地αの比準価格を145,000円／㎡と算定した。
　　②収益還元法では、土地α上に5階建て共同住宅を建築し、賃貸することを想定し、土地・建物の純収益19,036,374円から建物の純収益14,428,100円を控除し、土地αに帰属する純収益4,608,274円に未収入期間を考慮した補正率0.9423を乗じ、4.5％の還元利回りで除して資本還元した結果、土地αの収益価格を105,000円／㎡と算定した。
　　③公的価格に基づく規準価格として、近隣の公示価格191,000円／㎡に時点修正98.2／100、標準化補正100／104、地域格差100／116、個別格差82／100を乗じ、127,000円／㎡と算定した。
　　そのうえで、A鑑定は、②収益価格は想定部分も含むため規範性は比準価格に劣るゆえに価格妥当性の検証手段として参考程度にとどめ、③規準価格との均衡にも留意したうえで、土地αと地域要因

❼ 事業の施行見込みによる起業利益の考慮方法

が類似する近隣地域周辺の住宅地域内の取引事例に基づく比準価格に規範性ありとみて、①比準価格（145,000円／㎡）を土地αの本件告示時における更地としての正常価格と判断した。

　B鑑定は、土地αの周囲の住宅地域と同様の地域要因を前提に標準的画地を設定し、これについて、①公示価格規準、②取引事例比較法、③収益還元法に基づく価格を算定し、比較検討した。そして、①として、近隣の地価公示標準地の公示価格149,000円／㎡に、時点修正98／100、個別的要因格差修正率100／104、地域要因格差についての修正率100／86を乗じ、164,000円／㎡と算定した。また、②として、近隣の取引事例4例（うち1例はA鑑定と同じ）を選定し、取引事情による補正、時点修正変動率、標準化補正、地域要因格差についての修正率を各々乗じ、修正された各取引事例ごとの試算額を概ね相加平均して、179,000円／㎡と評価した。③として、標準的画地上に2階建て賃貸住宅を建設し、賃貸することを想定し、土地・建物の純収益2,301,000円から建物の純収益1,488,000円を控除した813,000円を土地に帰属する純収益とし、これを土地の還元利回り4.5％で除し、標準画地の本件告示時における収益還元法に基づく価格を117,000円／㎡と算定した。

　そのうえで、B鑑定は、取引の実態を反映している②を重視し、①および③との均衡にも留意して、標準画地の価格を175,000円／㎡と査定した。これに土地αの価格形成上の個別的要因を考慮して格差修正率0.81（街路の幅員・系統が標準的画地に比して悪いことによる減価率2％、土地の規模が標準的画地に比して大きく、道路用途地として一部潰地する必要があることによる減価率15％、区画割造成工事が必要であることによる減価率3％）を乗じ、土地αの本件告示時における正常価格を142,000円／㎡と算定した。

第3章　権利対価補償に関わる問題

　（イ）土地βについて

　　　Ａ鑑定は、①取引事例比較法と②開発法を適用した。また、③土地βと価格形成要因が類似する公的価格との均衡にも留意すべきであるとみたが、公的価格が見当たらず、③は断念した。そして、①として、設定した標準画地と要因の類似した取引事例４例に、事情補正・時点修正・標準化補正を施し、地域要因の比較と個別的要因の比較を行い、かかる修正によって得られた各試算価格を相加平均して、標準画地の本件告示時における比準価格を124,000円／㎡と算定した。これに土地βの個別的要因による補正率0.90（土地形状が標準画地に比して奥行短小であることによる減価率３％、生産緑地指定による減価率７％）を乗じ、土地βの本件告示時における比準価格を112,000円／㎡と算定した。また、②として、土地βを周辺土地と一体開発のうえ、戸建て住宅を分譲することを想定し、開発法に基づき、土地βの本件告示時における価格を90,000円／㎡と算定した。そのうえで、Ａ鑑定は、①比準価格は本件告示時点に近く、近隣地域・周辺の規範性のある取引事例により算定されているから、土地βの正常価格との牽連性が強いが、②は想定を多く含み、①よりもやや規範性が劣るが、近時の地価下落期には価格検証手段として有意義であるとした。そして、②が①の約80％であったことは①の妥当性を検証すると解し、それゆえ①比準価格に従い、土地βの本件告示時における正常な更地価格は112,000円／㎡であると算定した（【図表３－２②】）。

## ❼ 事業の施行見込みによる起業利益の考慮方法

**【図表3－2②】**

土地評価をめぐる当事者等の見解

|  | 土地α | 土地β |
|---|---|---|
| Y申立て | 143,500円／㎡ | 112,500円／㎡ |
| A鑑定 | 145,000円／㎡ | 112,000円／㎡ |
| B鑑定 | 142,000円／㎡ | 113,000円／㎡ |
| X主張 | 360,000円／㎡ | 360,000円／㎡ |
| 収用委員会査定 | 90,900円／㎡ | 73,300円／㎡ |
| 収用委員会裁決 | 143,500円／㎡ | 112,500円／㎡ |
| 裁判所 | 143,500円／㎡ | 112,500円／㎡ |

　B鑑定は、土地βを含む宅地見込地地域と同様の地域要因を備えた標準的画地を設定し、それにつき、①公示価格を規準とした価格と②取引事例比較法に基づく価格を算定し、比較検討した。その結果、①としては、近隣の地価公示標準地の公示価格149,000円／㎡に時点修正98／100、個別的要因格差の修正率100／104、地域要因格差の修正率100／125を乗じ、標準価格を112,000円／㎡と算定した。②としては、標準的画地と価格形成要素が類似した取引事例3例（うち1例はA鑑定と同じ）を選定し、取引事情による補正、時点修正変動率、標準化補正、地域要因格差についての修正率を各々乗じ、それによる取引事例ごとの試算額を概ね相加平均して、標準的画地における本件告示時における比準価格を126,000円／㎡と評価した。そのうえで、B鑑定は、取引実態を反映している②を重視し、①との均衡にも留意して、標準的画地の本件告示時における価格を125,000円／㎡と査定した。これに土地βの個別的要因を考慮した格差修正率0.90（土地形状が奥行短小であることによる減価率3％、生産緑地指定による減価率7％を相乗して算定したもの）を乗じ、土地

第3章　権利対価補償に関わる問題

βの本件告示時における正常価格を113,000円／㎡と算定した（【図表3－2②】）。

本判決は、鑑定評価方法については、A鑑定もB鑑定も「取引事例比較法及び他の手法により本件告示時における本件各土地の価格…を算定した上で、取引事例比較法に基づき算定した価格を重視して」土地α・土地βの価格を算定しているから、土地収用法71条・同法88条の2の細目等を定める政令1条1項の定めに照らして合理的であるとする。

## （2）起業利益について

ところが、本判決は、起業利益の考慮の仕方については、A鑑定・B鑑定ともに問題があるとする。すなわち、「本件告示時において、既に、本件各土地と本件事業により拡幅される前の新御堂筋線との間に存在する土地はすべて任意買収され、…道路用地として管理されていたというのであるから、本件告示時においては、本件事業が施行されることが既に相当程度確実なものとして見込まれていた」。

にもかかわらず、A鑑定もB鑑定も「本件事業の施行が予定されていることが本件各土地の価格形成に与える影響について、取引事例比較法を用いる際に当該影響が及んでいるものと考えられる近隣の取引事例を採用することや、採用した取引事例と標準画地とを比較する際に当該標準画地の環境条件を良好なものとして評価するという限度においてのみ」反映するにとどまる。むしろ、「取引事例の対象土地所在地が、本件各土地を中心としつつもかなり広範囲にわたっている」ことからみて、A鑑定もB鑑定も「本件事業が予定されることによる上記影響につき、本件各土地と本件事業により拡幅されることになる新御堂筋線との個別具体的な位置関係等を前提とした考慮はしていない」と認められる。

❼ 事業の施行見込みによる起業利益の考慮方法

　しかし、土地収用法（以下、法という）における損失補償は「特定の公益上必要な事業のために土地が収用される場合、その収用によって当該土地の所有者等が被る特別な犠牲の回復を図ることを目的とするものであるから、法 71 条が規定する『相当な価格』とは、事業認定告示の時（都市計画事業にあっては事業認可の告示の時）において、被収用者が近傍において被収用地と同等の代替地等を取得することを可能にするに足りる金額をいうものと解するのが相当である〔最一小判昭 48・10・18 民集 27-9-1210、最三小判平 9・1・28 民集 51-1-147 を参照引用〕。そして、事業認定（事業認可）の告示の時点において既に事業の施行が予定されることによって当該事業の起業地の地価が上昇している場合には、当該地価の上昇分は、事業認定（事業認可）告示時点における当該土地の客観的かつ正常な取引価格を構成するものというほかないから、法 71 条にいう『相当な価格』に含まれ、補償の対象になる…。令〔法 88 条の 2 の細目等を定める政令〕1 条 3 項 2 号が、法 71 条の相当な価格を算定する場合において、土地を収用する事業の施行が予定されることによって当該土地の取引価格が低下したものと認められるときは、当該事業の影響がないものとして算定する旨のみ規定し、土地を収用する事業の施行が予定されることによって当該土地の取引価格が上昇したものと認められる場合について当該事業の影響を排除すべき旨規定していないのも、このような理解を前提としている」（下線は引用者による。以下同じ）。

　他方、X は「本件のように収用の対象となる土地と従前道路との間の土地がすべて行政によって買収され、近々道路となることが決まっている場合には、当該収用対象土地は、道路に面する土地として取引の対象となると考えられるとして、…本件各土地を本件事業により拡幅された新御堂筋線に接する土地として評価すべきである」と主張する。しかし、それだと「事業完了時の取引価格を基準として相当な価

第3章　権利対価補償に関わる問題

格を算定することと等しくなり、事業認定の告示の時をもって価格を固定し、同告示後の事業の進ちょくにより起業地に生じる起業利益を損失補償の対象から排除している法71条の趣旨に反する」。

　そこで、「本件のように、既存の道路の拡幅を内容とする事業の施行が相当程度確実なものとして見込まれるような場合においては、事業認定（事業認可）の告示の時点における収用対象土地の接道状況及び拡幅前の道路との位置関係等の条件を前提とし、そのような条件が維持されたまま、当該道路が当該事業の施行によって拡幅されるものと仮定して、当該事業に係る事業認定（事業認可）の告示の時点における当該事業の影響を個別具体的に評価するのが、法71条の定める価格固定制の趣旨と価格固定時までに生じた起業利益の適正な反映との調和の見地からは相当というべきである」。

　もっとも、本件の場合は、新御堂筋線の拡幅によって「本件各土地の道路・交通への接近条件が向上することが予想される」一方で、「交通量の増大に伴い、騒音や排気ガスによる生活環境の悪化も予想される」。そして、土地α・土地βがともに本件事業による拡幅前の新御堂筋線の至近距離に存するがこれと接面せず、狭隘な道路によってのみこれに接続していたという具体的位置関係等を前提とすると、「本件事業により本件各土地に生じる道路・交通への接近条件の改善という増額要素は必ずしも大きくはないと考えられ、他方で上記騒音や排気ガスによる生活環境の悪化が予想されないでもないから、これらの諸要素を総合的に勘案すると、本件事業の施行が予定されることは、本件各土地の相当な価格を算定するに当たっての増額要素になると直ちに認めることはできず、かえって減額要素として働く可能性すらうかがわれる…（なお、このような総合的な検討の結果、本件事業の施行が予定されることが、本件各土地の減額要素として働くと認められる場合には、令1条3項2号により、本件告示時における相当な価格を算定する

❼ 事業の施行見込みによる起業利益の考慮方法

に当たってこれを考慮することはできないことになる。)」。

したがって、本件事業の影響を土地α・土地βに即して個別具体的に価格形成要素として考慮した相当な価格が、A鑑定・B鑑定に基づいて算定された価格を上回っていると直ちに認めることは困難である。

## 3. 考察

本判決は、土地収用法71条の「事業の認定の告示の時における相当な価格」(事業認定時価格固定主義)の意義について、1つの解釈を示したものである。それについては、以下の5点が注目される。

①事業認定告示の時点で、事業の施行が「相当程度確実なものとして見込まれる」場合は、当該事業の施行見込みによる起業地価格の上昇分は、当該土地の「客観的かつ正常な取引価格を構成する」ものとして「相当な価格」に含まれる。なぜなら、「相当な価格」とは、事業認定告示の時に被収用者が近傍において被収用地と同等の代替地等を取得することを可能にするに足りる金額をいうと解されるからである。

②したがって、取引事例比較法、その他を用いた土地の鑑定評価では、当該事業の施行見込みの影響がどのように現れているかを検証する必要がある。

③しかし、当該事業の施行見込みの影響を考慮に入れる際には、事業認定告示時における収用対象土地の接道状況、具体的位置関係等の条件が維持されたまま当該事業が施行されることを前提に、当該影響を個別具体的に評価すべきである。

④その結果、収用対象地の個別具体的状況によっては、当該事業の施行見込みが増額要因となるのみならず、生活環境の悪化等を懸念して減額要素として働くことも考えられるが、それらを

第3章　権利対価補償に関わる問題

総合的に勘案することが認められる。

⑤ただし、総合的な検討の結果、当該事業の施行見込みが全体として減額要因となるときは、その結果を相当な価格に含めることはできない（細目政令1条3項2号参照）。

以上のように本判決は、事業の施行見込みによる起業利益の考慮方法について、明確な解釈基準を提示した。しかし、なお残された問題もある。

第1に、前記①の理由づけはもっともである一方、事業認定告示前に任意買収に応じるインセンティブを削ぐ方向に作用する。

第2に、前記④で、事業の施行見込みによる影響の総合的勘案に際し、減額要素の判断には相当裁量の幅があると考えられる。

第3に、前記④・⑤の総合的勘案が「土地を収用する事業の施行が予定されることによって当該土地の取引価格が低下したものと認められるときは、当該事業の影響がないものとして算定する」（土地収用法88条の2の細目等を定める政令1条3項2号）との原則に反しないかどうかである。この点は、残地補償額の算定に際し、「当該事業の施行が残地の価格に及ぼす影響のうち利益と損失とを明確に区別することができない場合に、それらを総合的に勘案することは、同〔土地収用〕法90条の相殺禁止規定に抵触するものではない」とする判例法理と共通する問題点をはらんでいる[99]。本判決で示された解釈方法も、起業利益の社会還元制度の構築プロセスにおける問題解決として承認しつつ、より根本的な制度改革が図られる必要がある。

---

99) ★最判昭和55・4・18判時1012号60頁。この問題点については、第3章・❽節参照。本節で取り上げた判決の事例においても、残地補償について同じ問題が生じている。

# ⑧ 残地の接道状況の変更による損失と補償

最判昭和55・4・18 判時1012号60頁

**POINT** 　本節では、買収・収用地の権利対価補償と密接に関わる問題として、残地の価値減に対する補償である残地補償を取り上げ、その意義および内容について、1つの限界事例を通して考えてみたい。

　残地補償とは、同一所有者に属する一団の土地の一部を買収・収用することにより、残地が不整形・狭小となる等して、利用・交換価値の減少が生じた場合に、その損失を補償するものである（要綱41条、収用74条1項）。これは、民間土地取引であれば、取得地の価格に上乗せされるはずの損失であるから、実質的には買収・収用地の権利対価補償の一部（またはそれと不可分に関わるもの）として理解することができる（収用74条2項参照）。そして、「収用又は使用によつて生ずる損失」に対する補償については、残地に生じた起業利益との相殺が禁止されている（収用90条）。それは、収用等を受けなかった隣接地の所有者との公平を保つためであると解される。

　他方、残地において、公共事業の施行、公共施設の供用等により、利用・交換価値の減少や通路・みぞ・かき等の工事費用の支出が必要となったことにより、損失が生じた場合は、事業損失の補償が一定の場合に認められている（要綱41条・42条、閣議了解第3、収用74条・75条)[100]。

　では、公共事業により、残地の接道状況が変更されたことにより、地権者の従前の土地利用に種々の不便が事実上生じたことによる損失は、補償上どのように考えるべきであろうか。関連する判例の事案を通して考察する。

第3章　権利対価補償に関わる問題

## 1. 事案の概要

### （1）原告の主張

　X（原告）は、秋田県北秋田郡鷹巣町（当時。現在は北秋田市）に宅地 686.75 坪（実測。以下、本件土地という）を所有し、同所で廃品回収業（わら工品の集荷・販売、古鉄等の卸販売、中古品・再生品の小売販売等）を営んでいた。Xは、昭和 40 年 12 月 25 日、秋田県収用委員会から、秋田県知事Y（被告）を起業者とする国道踏切改良工事（以下、本件踏切改良工事という）のため、本件土地のうち、80.68 坪（実測。以下、本件収用土地という）を収用し、損失補償額は、①土地に対する補償 1,936,320 円、②建物等の移転料 6,353,000 円、③動産移転料 785,000 円、④仮住居補償 30,000 円、⑤営業休止補償 2,539,339 円（内訳は、営業用資産に対する経費等 1,386,341 円、収益減 461,199 円、得意先喪失による損失額 691,799 円）、収用時期は昭和 41 年 1 月 15 日とする旨の裁決書の交付を受けた。

　これに対し、Xは、以下の理由で、前記補償額には 7,411,400 円の不足があると主張した。すなわち、————

---

100) 要綱 41 条但書は、「ただし、事業の施行により生ずる日陰、臭気、騒音その他これらに類するものによる不利益又は損失については、補償しないものとする」と定める。しかし、その一方で、閣議了解第 3 は「事業施行中又は事業施行後における日陰、臭気、騒音、水質の汚濁等により生ずる損失等については、この要綱においては損失補償として取り扱うべきでないものとされている。／しかしながら、これらの損害等が社会生活上受忍すべき範囲をこえるものである場合には、別途、損害賠償の請求が認められることもあるので、これらの損害等の発生が確実に予見されるような場合には、あらかじめこれらについて賠償することは差支えないものとする」という解決方法をとっている。これは、残地に生じる事業損失の補償の要否について、ひとまず消極説に立ちつつも、事前賠償の論理を用いて実質的には補償を肯定する趣旨であると解される（ちなみに、収用 74 条には要綱 41 条但書に相当する但書は付されていない）。この点については、松尾 2011:64-65 頁、155-165 頁、公共用地補償研究会 2013b:174 頁参照。

❽ 残地の接道状況の変更による損失と補償

（ア）収用土地の損失に関し、本件収用土地の相当価格は坪当たり33,000円であり、その総額2,662,440円と前記裁決額①との差額726,120円が不足する。

（イ）残地の損失に関し、本件土地は収用前は一般国道に面していたが、本件踏切改良工事が立体交差工事であった結果、残地部分606.07坪（実測。以下、本件残地という）は架橋下の側道にのみ接し、約6m上の架橋上の国道とは接しないこととなり、同側道は両端が鉄道線路と河川堤防によって閉鎖されているため、本件残地から架橋上の国道に出るには約270m迂回した幅員3.5mの坂道道路を使用せざるを得ず、しかもその迂回道路へ出る途中には架橋の足げた、架橋上と同側道を結ぶ歩道階段登り口等により、自動車通行は不自由となり、商業地としての利用が困難となったため、本件残地の価値は著しく低下し、5,819,000円の損失を被った（【図表3－3】）。

【図表3－3】

残地の接道状況の変化による損失と補償

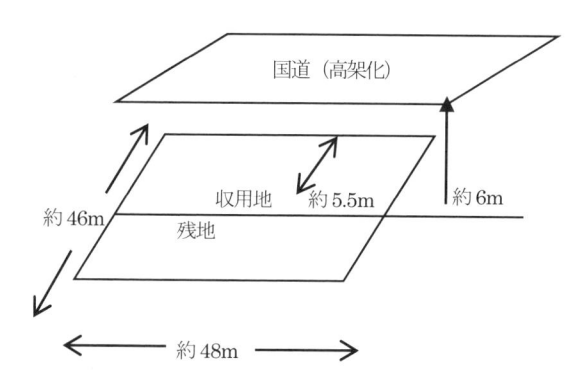

第 3 章　権利対価補償に関わる問題

　（ウ）営業休止による損失として、損失額算出の基礎となる所得金額は昭和 39 年分所得金額 2,019,279 円を基礎として、収益減による損失（1,009,639 円）、得意先喪失による損失額（1,009,639 円）を算出すべきであるから、前記裁決額⑤営業休止補償の内訳における各差額 548,440 円および 317,840 円が不足する。

　そして、同不足額に対する本件裁決の日の翌日である昭和 40 年 12 月 26 日から支払済みに至るまで民法所定年 5 分の割合による遅延損害金の支払を求めた。

### （2）被告の主張

　これに対し、Y は、本件土地のうち収用されたのは約 1 割強にすぎず、収用の結果残地が不整形となることもなく、側道の設置、踏切立体交差に伴う交通遮断の解消、付近民家への自動車の衝撃振動の解消、踏切事故防止体制の確立等の利点により、残地の交換価値・利用価値は低下することなく、かえって高まったから、残地補償の必要はないなどと主張をして、争った。

### （3）第 1 審判決

　第 1 審は、X の請求を一部認容した[101]。

　①本件収用土地の損失について、X は、収益還元法による収益価格を参考としつつ、市場賃料比較法に基づく比準価格により、本件収用土地を坪当たり 33,000 円とする鑑定に依拠した主張をするが、X が営む廃品回収業は経済情勢の影響を受けやすい業種で、安定した純収益の把握が極めて困難であるから、収益還元法を適用することは相当でなく、比準価格決定の資料とされた取引事例も本件収用土地と立地

---

101)　★秋田地判昭和 49・4・15 判時 1012 号 62 頁。

条件等が類似しているとはいえないから、本件裁決で示された本件収用土地の坪当たり 24,000 円の評価が不当であるとする X の主張には理由がない。

②残地の損失について、「本件踏切改良工事前の本件残地を含む本件土地の状況と右工事後の本件残地の状況を比較検討すれば、右工事によって…踏切が解消され本件国道の交通の円滑が促進されたとはいえ、<u>本件土地がもと右国道に接面していたのに対し、本件残地は高架上の本件国道と直接接面しないこととなり、右高架下に取り残され、右国道から本件残地に至るには歩道階段か幅員約 3・6 m、全長約 270 m の前記取付道路によらざるを得なくなるなど本件踏切改良工事によって受ける利益よりマイナス面のほうが大きいものというべく、前記認定の諸事情を総合勘案すれば、これによる本件残地の価格の低下は本件裁決が示した裁決時の本件土地の価格坪当り 24,000 円の 2 割に相当する坪当り 4,800 円とみるのが相当であるから</u>、本件残地全体として総額 2,909,136 円の損失が生じたものというべきである」（下線は引用者による。以下同じ）。

③営業休止による損失について、継続された企業について営業損失の有無および額を判定する基礎となる過去の収益額（所得額）は、本件の場合は本件裁決のあった昭和 40 年 12 月 25 日に最も近接した昭和 38 年から昭和 40 年までの 3 か年の平均年間営業所得額（1,532,543 円）を基礎とするのが相当である。X の休業期間を 4 か月、得意先喪失補償期間を 6 か月とすることは相当であるから、収用委員会の認定額には各 49,648 円および 74,472 円の不足額が認められる。

以上の不足額（合計 3,033,256 円）に対し、起業者は収用時期までに裁決にかかる補償金を払い渡し、または供託すれば足り（収用 95 条）、それまでは遅滞の責を負わないから、本件裁決にかかる収用時期の翌日である昭和 41 年 1 月 16 日から支払済みに至るまで年 5 分の割合に

よる遅延損害金の支払をXが求める限度で理由がある。

これに対し、Yが控訴し、Xも附帯控訴した。

### (4) 第2審判決

第2審は、Yの控訴を認容する一方、Xの附帯控訴を棄却し、Y敗訴部分を取り消して、Xの請求を棄却した[102]。

①収用土地の評価方法については、原判決を認容した。

②焦点となった残地の損失については、以下のように判断した。すなわち、────

「本件残地は、もと間口約48m、奥行約46mのほぼ正方形に近い画地が本件収用により奥行において約5.5m減じただけの土地で、依然としてほぼ正方形に近い形状を保ち、相当の広さを有する一団の土地であるから、本件収用自体に起因して本件残地の利用価値の減少等の損失が生じていないことは明らかである」。

そこで、「本件踏切改良工事の完成によって本件残地の価格の低下を生じたか否かを検討するに、前認定事実によれば、本件土地がもと本件国道に接面していたのに対し、右工事の結果本件国道が高架道となり、本件残地と右国道とは約6mの高低差を生じ、本件残地は、右高架道下に設けられた側道とのみ接することとなり、本件残地から右国道に至るには歩道階段か幅員約3.6m、全長約270mの取付道路によらざるを得なくなるなど、本件踏切改良工事によって本件残地の価格の低下をもたらすべき要素が発生しているものと認められる。しかしながら、他方、本件国道の道路条件が著しく改善され、交通が極めて円滑になるなど、本件残地の価格を高騰させるべき要因も同時に生じていることが認められる。そして、…本件裁決に当たって鑑定を行っ

---

102) ★仙台高裁秋田支判昭和53・2・27判時1012号68頁。

❽ 残地の接道状況の変更による損失と補償

たＡは、本件踏切改良工事の本件残地の価値に与える影響につき、マイナスス要因よりプラス要因の方が大きいとして価格の低下がないものと鑑定していることが認められ、さらに、原審における鑑定人小林秀夫は、最有効使用が家内工業地とみられる本件残地については、本件国道が高架道になったことの影響は生産に伴う費用性や画地利用の面にはあまり強くあらわれていないとし、他方、本件工事の前後における交通上の利用価値を宅地路線価設定における街路係数を求める要領によって検討すると、本件工事により５％の増加があり、間口の約30％が街路に開口しないことによる画地利用における減価要因を考慮しても約３％の宅地利用効率の上昇があるとし、結局利用効率の増加の修正と取付道路迂回による生産費用の増加に伴う減価の修正とがほぼ等しく、本件残地の価格の低下はないものと鑑定している。そうすると、前記のような本件残地価格の減価要因が発生したからといって、そのことから直ちに本件残地価格が低下したものとは認め難く、かえって《証拠略》を総合すると価格の低下はないことを窺うことができる」。

　その際、残地価格の低下の有無につき、残地の受ける利益を考慮しているが、「この点は、土地収用法90条の起業利益との相殺の禁止の規定に抵触するものではないと解すべきである。けだし、一般に事業の施行により残地について利益と損失とが同時に発生する場合において、残地価格の減価分を利益を度外視して損失分のみを計算することによって算定することは、事実上不可能といわざるを得ない。したがって、残地の価格が減じたか否かは、実際問題として利益と損失とを総合して判断する以外に方法はなく、その結果利益と損失とは相殺されざるを得ないことになるが、土地収用法90条の規定が、このようないわば観念上の相殺まで禁止し、右の不可能な損失の算定を強いる趣旨とは解されない」。

③営業損失について、損失額算出の基礎となる所得金額に関しては、土地収用法（昭和41年法律132号による改正前）71条は、損失は収用裁決時の価格によって算定する旨規定しており、その趣旨からすれば、本件の場合も本件裁決のあった昭和40年12月25日に最も近接する昭和38年から昭和40年までの平均年間営業所得を基礎とするのを相当とする。しかし、本件では、Xは昭和40年中から本件踏切改良工事の影響を受け、平常どおり営業できず、所得税の申告でも昭和40年度は本件裁決による営業休止補償金約250万円を含めて申告して1,379,068円の所得金額となっており、結局昭和40年度の営業所得は明らかでなく、損失額算出の基礎とすることができない。したがって、本件裁決が昭和37年から昭和39年の営業所得を基礎としたことも妥当である。

　これに対し、Xが上告した。

## 2. 最高裁の判断

　最高裁は、Xの上告を棄却した[103]。理由は、以下のとおりである。

　「本件に適用された土地収用法旧71条及び74条（昭和42年法律74号による改正前のもの）のもとにおいて、残地補償の額は、収用裁決の時における当該残地の価格によって算定すべきものであるところ、当該事業の施行が残地の価格に及ぼす影響のうち利益と損失とを明確に区別することができない場合に、それらを総合的に勘案することは、同法90条の相殺禁止規定に抵触するものではないと解するのを相当とする。右と同旨の原審の判断は、その適法に確定した事実関係のもとにおいて、正当として是認することができ、原判決に所論の

---

103) ★最判昭和55・4・18判時1012号60頁・判タ448号88頁。本判決については、小高1981:337-340頁、藤田1989:156-157頁参照。

違法はない」。

## 3. 考察

### (1) 本判決の意義

前述1(1)において確認したように、本件では、①収用土地の評価方法、②残地補償の算定方法、および③営業損失の算定方法の3つの問題が争われている。このうち、中心的に争われたのが、②の残地補償である。本件で問題になった残地の損失とは、従来一般国道に面していた土地（残地）が、約6m上の高架となった国道に接面しなくなり、代わって両端が行き止まりとなった側道に接面するのみで、国道に通じるには自動車通行の困難な迂回路を経由せざるを得なくなったこと、それによって従来地権者Xが営んできた事業にマイナスの影響が出たというものである。

これは、「専ら、残地に生じた事業損失」であり、本件最高裁判決は、残地の事業損失も残地補償（収用74条）の対象となることを当然の前提とし、そのうえで、これを起業利益と「総合的に勘案すること」（実質的に相殺処理すること）を認めたものとして、「最高裁が間接的ではあるにせよ〔残地の事業損失も残地補償の対象となるか否かについての〕肯定説の立場に立つことを示したのは、本判決が初めてのこと」であり、その点で「本判決は極めて注目に値する」と解されている[104]。現在の学説と裁判例の多くは肯定説であるが、少数説と裁決例の多くは否定説であるとみられる[105]。

もっとも、本判決では、直接的には、公共事業の施行によって残地

---

[104] 藤田1989:157頁。
[105] 小澤2012b:133-138頁。なお、否定説として、小高1978:136頁、藤田1988:185-211頁、とくに204-206頁参照。

第3章　権利対価補償に関わる問題

に生じた利益（起業利益）を、収用または使用する土地の損失と相殺
してはならないとする土地収用法90条の解釈として、残地の起業利
益を、残地に生じた損失そのものと相殺することをも禁止する趣旨か
どうかについて論じている。しかも、結論的には、この点では、裁判
例の多数が残地の利益・（事業）損失の相殺的処理を同法90条に反す
るとみるのに対し[106]、本判決は、原判決とともに、同相殺的処理が
同法90条に反しないと判断した[107]。しかし、この点については、疑
問も提起されている。

## （2）残地に生じた起業利益と事業損失との相殺的処理について

　本判決が「当該事業の施行が残地の価格に及ぼす影響のうち利益と
損失とを明確に区別することができない場合に、それらを総合的に勘
案することは、同法90条の相殺禁止規定に抵触するものではない」
とするときの、「利益と損失とを明確に区別すること」については、
本判決の論理は明快とはいえない。というのも、本件では、むしろ、
原判決における鑑定が示しているように、本件残地には5％の価値増
と2％の価値減が生じており、差し引き3％の宅地利用効率上の価値
増がある。これによる増価修正と、生産費用の増加に伴う減価修正と
がほぼ等しい結果、本件残地の価値低下はないものと認めている点に
鑑みれば、むしろ利益と損失の識別が可能であるとも解されるからで
ある。したがって、この点で「当事者にとっては大きな不満が残るこ
とになろう」[108]という評価も当然生じるであろう。
　また、本件第2審および最高裁が認める起業利益が、Xにとって実

---

106)　★東京地判昭和35・7・19行集11巻7号2052頁、東京高判昭和36・11・
　　　30行集12巻11号2325頁、大阪地判昭和48・7・5行集25巻8＝9号
　　　1123頁、大阪高判昭和49・9・13行集25巻8＝9号1116頁など。
107)　同旨の見解として、高田1968:390頁。
108)　藤田1989:157頁。

❽ 残地の接道状況の変更による損失と補償

際に感得される不利益と本当に相殺可能であると実感されるものであるかには、疑問も残る。例えば、本件第2審は判旨で、「本件国道の道路条件が著しく改善され、交通が極めて円滑になるなど、本件残地の価格を高騰させるべき要因も同時に生じている」とするが、それがXにとっては、現実的に生じている不便に比して、現実性を欠く形式的説明と感じられるかも知れない。

もっとも、土地収用法90条の趣旨は、残地部分に生じた起業利益を収用部分の損失と相殺するとすれば、収用を受けなかった隣接地所有者が起業利益をそのまま維持できることと公平を失することに求められている[109]。そうであるとすれば、残地の起業利益との相殺的処理が行われるのが残地の事業損失であるとすれば、同様の起業利益と事業損失は隣接地所有者にも生じうると解されるから、その限りでは、公平上の問題は生じないようにもみえる[110]。

しかし、最高裁は、残地の起業利益との相殺的処理を認める残地の「損失」が事業損失に限られると明確に述べているわけではない。本判決の判旨が、残地補償の対象とされている残地の不整形・狭小化それ自体に基づく損失（収用損失）もまた残地の起業利益と相殺的に処理しうるというように広い射程をもつと解釈される余地があるとすれば、残地所有者（被収用者）と隣接地所有者との公平上の問題が再び生じることになる。したがって、この点についての問題は依然として残されている[111]。

---

109) 小高1980:471頁。
110) なお、藤田1989:57頁は、事業損失が起業利益を上回る場合は、残地所有者の方が隣接地所有者よりも優遇される、という形での公平上の問題が生じるとされる。もっとも、それは事業損失補償が一般にどの範囲まで認められるかにもよる。事業損失補償が第三者（隣接地所有者）にも及びうるとすれば、その限りでは、この公平上の問題も緩和されることになろう。
111) 藤田1989:57頁。

第3章　権利対価補償に関わる問題

## （3）残地の接道状況の変更による損失と補償

　こうした残地所有者（被収用者）と隣接地所有者との公平上の問題を解決する方法については、見解が分かれている。

　（a）本件のような損失を事業損失として捉えるとすれば、事業損失は残地に特別固有の損失ではなく、かつ他に何らかの補填の道が開かれている限り、残地補償（収用74条。なお、要綱41条も参照）の対象とすべきではないということになる[112]。そして、この見解によれば、本件のように従前の道路が高架化されたことにより、敷地への出入りが不自由となり、土地の利用価値が下落したというような事態は、それが土地の一部の買収・収用を伴わずに、土地の境界に接して行われたとしてもやはり生じうる。そのこととの権衡上、当該接道状況の変更によって生じた損失は、残地補償の対象とはならないことになる[113]。

　（b）これに対し、本件第1審判決は、「本件土地がもと右国道に接面していたのに対し、本件残地は高架上の本件国道と直接接面しないこととなり、右高架下に取り残され、右国道から本件残地に至るには歩道階段か幅員約3・6m、全長約270mの前記取付道路によらざるを得なくなるなど本件踏切改良工事によって受ける利益よりマイナス面のほうが大きいものというべく、前記認定の諸事情を総合勘案すれば、これによる本件残地の価格の低下は本件裁決が示した裁決時の本件土地の価格坪当り24,000円の2割に相当する坪当り4,800円とみるのが相当である」としており、接道状況の変更による残地所有者の不利益を、残地そのものの価値減として、よりストレートに認めている。

　（c）しかし、この問題は、公共事業によって残地および隣接地な

---

112）藤田 1988:206頁。
113）藤田 1988:204-205頁。

❽ 残地の接道状況の変更による損失と補償

いし周辺地に生じた起業利益の社会還元が適確に制度化されていないという問題にも関わるように思われる。将来、より公平な社会還元の制度化が進む方向にあることを条件にすれば、残地における起業利益と損失との相殺的処理も、そのプロセスの途上に位置づけることが可能かも知れない[114]。

---

114) 松尾 2011:164 頁。

## ⑨ 損失補償の訴えの性質と審理判断の方法

最判平成9・1・28民集51巻1号147頁

**POINT** 本節では、権利対価補償のうち、土地所有権以外の権利に対する補償が問題となった事例を取り上げ、その判断方法を確認する。と同時に、この事案では、土地収用法133条が定める損失補償の訴えの性質と審理判断の方法について、（a）収用委員会の裁決に裁量権の逸脱・濫用があったかどうかを審理判断すべきなのか、（b）裁決時点における正当な補償額を客観的に認定し、確定すべきなのかが争われた。本節では、この側面に焦点を当てて検討する。

加えて、この問題と、収用委員会の裁決における損失補償額が裁判所の認定額に満たなかった場合に、補償金の増額分に対する法定利率相当額の金員（遅延損害金）の請求の可否および法定利率の起算点との関係についても検討する。

## 1. 事案の概要

### （1）収用委員会の裁決

X（原告）は、山口県下松市に土地α（3,256㎡の田）および土地β（53㎡の畑）（以下、両者を併せて本件土地という）を所有していた。Y（被告。日本道路公団〔当時〕）は、山陽自動車道（高速自動車国道）吹田山口線新設工事およびこれに伴う附帯工事ならびに国道2号線改良工事（以下、本件事業という）の起業者である。本件事業については平成元年3月18日に建設大臣（当時）の事業認定告示が行われた。Y

は、同年9月7日、山口県知事を代理人として収用委員会に対し、本件事業のために、X所有の本件土地につき収用裁決の申請をした。Yはその申立てにおいて、鑑定書に基づき、本件土地に補助参加人Zの賃借小作権（以下、本件小作権という）が存在する場合の底地権割合を60％・小作権割合を40％とした。これに対し、Xは底地権割合を70％と主張し、本件小作権の存在を主張するZは小作権割合を70％とすべきであると主張した[115]。

　審理の結果、収用委員会は、平成2年3月28日、同年4月20日をもって本件土地を収用するものとし、損失補償額を合計5,659万4,559円とした。そのうち、①Xに対して3,395万6,735円（ただし、本件小作権が存しないものと確定した場合は5,659万4,559円）、②<u>本件小作権の存否は不明とする（ただし、本件小作権が存するものと確定した場合はZに2,263万7,824円を補償する）</u>旨の権利取得・明渡裁決（以下、本件裁決という）をした。①・②ではZの本件小作権が存在する場合、底地権割合60％、小作権割合40％と判断された。

　本件土地は、JR岩徳線周防久保駅の北方向直線距離約1.4km、JR山陽本線下松駅の東北東方向直線距離約6kmの地点にあり、切山地区北西部山陽新幹線第一久保隧道北に形成される西ケ浴農村集落地内に所在し、農振地域でかつ農用地区域に指定されていた。本件土地のうち、土地αは、平成元年11月7日、分筆前の土地α'から、土地βは、同日、分筆前の土地β'からそれぞれ分筆されたものであった。土地α'・土地β'は元はPの所有であったが、昭和55年2月22日、Xが相続した。Zは、Pまたは同人から管理権を与えられていたXから耕作を依頼され、昭和36年4月頃から土地α'の一部を、昭和43年4月頃から土地α'の残部および土地β'をそれぞれ耕作していた。し

---

[115] 底地権と賃借小作権との関係につき、X・Y・Zも裁判所も控除主義を採用している。

第3章　権利対価補償に関わる問題

かし、その耕作については農地法3条所定の農業委員会の許可を得ていなかった。Zは昭和61年、Xを相手方として、土地α'の一部につき、賃借小作権の時効取得を原因とする賃借小作権確認請求訴訟（後に賃借小作権の確認の範囲を土地α'の全部および土地β'に拡張した）を提起した。これに対し、Xは、Zを相手方として土地α'・土地β'の明渡反訴請求訴訟を提起する等、XとZとの間には本件小作権を含む賃借小作権の存否につき争いがあった。それゆえに、本件裁決は、土地収用法48条5項に基づき、本件小作権につき存否不明として補償額を決定したものである（【図表3-4】）。

【図表3-4】

小作権割合をめぐる主張・判断

|  | 底地権割合 | 小作権割合 |
| --- | --- | --- |
| Y申立て | 60% | 40% |
| A鑑定 | 60% | 40% |
| B鑑定 | 60% | 40% |
| X主張 | 70% | 30% |
| Z主張 | 30% | 70% |
| 収用委員会裁決 | 60% | 40% |
| 第1審判決 | 60% | 40% |
| 第2審判決 | 70% | 30% |
| 最高裁判決 | 70% | 30% |

（2）原告の主張

　Xは、①損失補償額を3,395万6,735円とした収用委員会裁決を5,659万4,559円と変更すること、②YはXに対し、2,263万7,824円

およびこれに対する平成2年6月29日から支払済みまで年5分の割合による金員を支払うことを請求した。①・②は、Zの小作権割合を20％とするのが相当であるにもかかわらず40％とした点で損失補償について事実誤認があるとの主張に基づいている。

Xはその根拠として、Xは、①本件土地が所在する下松市においては小作権割合を30％とする事例が多いが、同市隣接地域では同割合を20％とする事例が多いこと、②Yが依頼した鑑定では、本件土地を宅地見込地としているが、本件土地は農業振興地域で、かつ農用地区域に指定され、種々の制限を受けて簡単に宅地に転用できない特殊性があること、③Xは不在地主ではないこと等の事情を考慮すべきとした（【図表3−4】）。

### (3) 被告の主張

Yは、①本件土地の地域的特性および個別性、②近時の公共事業における農地買収価格における小作権割合、③下松市における借地権取引慣行等を総合的に勘案し、本件小作権割合を40％とすることは相当であると反論した。なお、Yは、平成2年4月6日、本件裁決および土地収用法95条4項に基づき、山口地方法務局徳山支局に対し、被供託者をXまたはZとして2,263万7,824円を供託した（【図表3−4】）。

### (4) 補助参加人の主張

Zは、小作権割合を計数的に一義的に明確に定めることは現実的に困難で、その評価には裁量的要素が入り込むことが不可避であるから、収用委員会の裁決には合理的な範囲内での裁量が認められ、同裁量権の範囲を逸脱した場合にはじめて裁決が違法となるとし、本件裁決は合理的な裁量の範囲内であると主張した。

## （5）第１審判決

　第１審は、Xの請求を棄却した[116]。争点は、本件小作権が存すると認められる場合、その小作権割合を40％と認定して損失補償額を算定した本件裁決が違法か否かであった。

　Yは、本件裁決の申請に当たり、A社およびB社に対し、本件土地の適正価格および本件小作権割合の鑑定を依頼した。その結果、Aは、本件土地の近隣地域の地域的特性につき、本件土地の周辺部に大規模新興団地が存するほか、周辺宅地地域から宅地化への外延的発展の影響下にある低熟成宅地見込地を形成していると解し、本件土地の最有効使用を宅地地域へ転換・造成後分割して一戸建住宅建物の敷地の用に供することであると判断した。そのうえで、本件土地の価格を取引事例比較法による比準価格を重視して評価した。そして、本件小作権割合は、下松市における小作権取引割合が農地価格の40％を上限に30〜40％の範囲内が最も多いという調査結果に基づき、本件土地の存する地域的特性、本件土地の個別性、最近時の公共事業における農地買収価格における小作権割合、下松市における借地権取引慣行等を総合勘案し、本件土地の評価額の40％が相当であると判断した。

　Bは、本件土地の地域概況は農家型集落地を形成しているが、本件土地の南側にある丘陵地一帯が大型住宅団地として開発され、将来的にその開発動向が北方に伸張する要因が強いと解し、最有効使用を郊外住宅団地向け宅地見込地であると判断した。そのうえで、本件土地の価格を取引事例比較法による比準価格を重視して評価した。そして、本件小作権割合は、市場分析に基づき、一般に農地としての価格ではなく、土地の時価を基準として借地権割合を評価する考え方を用い、下松市内において市街化区域あるいは市街化調整区域の事例で小作権

---

116）★山口地判平成4・1・30民集51巻1号168頁。

を 30 〜 40％とした事例があること、下松市農業委員会に対する調査により、下松市における小作権割合としては 30 〜 40％で合意しており、最近では 40％が多いとの意見を得たこと、下松市農業協同組合に対する調査でも同農業委員会での調査とほぼ同様の意見を得たこと等を総合勘案し、本件小作権割合は 40％が相当であると判断した(【図表3－4】)。

第1審は、本件事業に伴って小作権の対価が支払われた事例のうち、下松市では小作権割合を 40％ないし 50％(土地所有者と小作権者が親戚関係にあった事例)、下松市以外の周辺市町村では上限が 40％、下限が 13％(小作権者に対して代替地の給付があった事例)で、35％とする例が多いこと、本件事業以外で小作権の対価が支払われた事例では、下松市において上限が 40％、下限が 25％(小作権者が無断転貸をしていた事例)で、30 〜 40％とするものが多いこと、これらの事例は市街化区域または市街化調整区域のものが多いこと、下松市農業委員会によれば、下松市において小作権対価が支払われた事例としては、上限が 40％で、下限は涙金程度のものが存したこと、本件土地は農振地域でかつ農用地区域に指定され、本件土地の北東部では下松市が施行者となり、昭和 63 年度および平成元年度に農振地域の基盤整備のため土地改良総合整備事業が行われたこと、他方、本件土地の南側で山陽新幹線に隣接する部分は、従前、農振地域に指定されていたが、1975 年頃に団地の造成が計画されたため、農振地域の指定を解除されて市街化区域に指定され、その後、団地が造成されたこと、同市街化区域に指定されている地域で現在造成されていない北側部分でも開発が計画されていること、農振地域の指定は、周辺の諸事情を考慮し、5 〜 10 年で見直し作業が行われることを認定した。そして、本件土地は、農振地域でかつ農用地区域に指定されているが、近時その北東部で土地改良事業が施行された事情があり、本件土地の南側の

団地造成状況、農振地域等の指定も、本件土地周辺地の同造成状況から、近い将来見直しが行われる可能性も窺われなくもない等の事情を総合すると、A・Bが本件土地の最有効使用を宅地見込地と判断したことは相当であり、下松市およびその周辺市町村において小作権対価が支払われた事例としても概ね30〜40％のものが多く、それらの事例が市街化区域または市街化調整区域であったとしても、本件土地を宅地見込地として評価することに理由があり、本件事業に伴い小作権の対価が支払われたもので本件土地に近接する事例の小作権割合がほぼ40％であることからすると、A・Bが本件小作権割合を40％と評価したことは相当であると判断した。そして、「土地価格あるいは本件のような小作権割合の評価においては、その性質上、算定方法等によりある程度の幅が存すること等の諸事情と補償額の裁決については収用委員会に合理的な範囲内で裁量が認められることを総合勘案すると、本件裁決において本件小作権割合を40％と認定した本件裁決は相当であり、少なくとも右裁量の合理的な範囲内である」から、本件裁決は正当であるとし、Xの請求を棄却した。これに対し、Xが控訴した。

## (6) 第2審判決[117]

第2審は、原判決を変更し、①山口県収用委員会が土地αおよび土地βにつき、平成2年3月28日にした権利取得裁決中、賃借小作権、賃借権が存するものと確定した場合のXに対する損失補償額3,395万6,735円を3,961万6,191円と変更する、②YはXに対し、565万9,456円およびこれに対する平成2年6月29日から支払済みまで年5分の割合による金員を支払うべきものとする、③Xのその余の請求を棄却

---

117) ★広島高判平成4・11・6民集51巻1号177頁。

❾ 損失補償の訴えの性質と審理判断の方法

する、との判決を下した。

 第2審は、Yが本件土地の事業認定告示時の価格を5,525万7,332円としたことはXにも異議がなく、同価格に土地収用法71条に基づいて権利取得裁決時（平成2年3月28日）までの物価変動に応じた修正率（1.0242）を乗じて得た額は5,659万4,559円であること、本件訴訟の争点は本件小作権が存するとした場合における小作権割合であることを確認したうえで、同小作権割合は30％とすることが相当であるとした（【図表3－4】）。

 その理由は、①下松市付近で小作権消滅の対価が支払われる場合の小作権割合は通常30～40％程度で、小作権割合は40％であるとの慣行が成立しているとまでは認められないが、宅地見込地の小作権割合は高くなり、小作権割合が40％とされる例も多くなっている。②本件土地は、農業振興地域と指定され、農用地区域に定められているが、周辺地の状況からして宅地見込地と認められ、本件事業で買収された本件土地近くの土地の小作権割合もほぼ40％と合意されているから、「特段の事情のない限り、本件土地の小作権の割合も通常は四割と認めるのが相当」である。③しかし、本件土地の耕作は、昭和36年頃（一部は昭和43年頃）から始まり、農地法3条所定の農業委員会の許可も受けていないから、戦前から耕作を続け、農地法所定の許可を得ている小作権とは耕作期間、権利態様を異にし、本件土地の小作権割合を近隣土地の小作権割合と同等の割合に評価するのは当を得ず、本件小作権の割合は相当額の減額がされるべきであり、認定事実および弁論の全趣旨を総合すれば、「本件小作権が存するとした場合の小作権割合は三割と認めるのが相当である」。

 したがって、Xの請求は、前記収用委員会の権利取得裁決のうち、本件小作権が存在する場合の土地所有者に対する損失補償額3,395万6,735円を3,961万6,191円に変更し、差額565万9,456円およびこれ

第3章　権利対価補償に関わる問題

に対する権利取得の時期である平成2年4月20日以後で訴状送達の日の翌日である同年6月29日から支払済みまで年5分の割合による遅延損害金の支払を求める限度で理由があるから認容し、その余は失当であるから棄却する。

これに対し、Yが上告した。

## 2. 最高裁の判断

最高裁は、以下のように述べて、Yの上告を棄却した[118]。

①「土地収用法における損失の補償は、特定の公益上必要な事業のために土地が収用される場合、その収用によって当該土地の所有者等が被る特別な犠牲の回復を図ることを目的とするものであるから、完全な補償、すなわち、収用の前後を通じて被収用者の有する財産価値を等しくさせるような補償をすべきであり、金銭をもって補償する場合には、被収用者が近傍において被収用地と同等の代替地等を取得することを可能にするに足りる金額の補償を要する…〔最判昭和48年10月18日民集27巻9号1210頁を参照引用〕。同法による補償金の額は、『相当な価格』(同法71条参照)等の不確定概念をもって定められているものではあるが、右の観点から、通常人の経験則及び社会通念に従って、客観的に認定され得るものであり、かつ、認定すべきものであって、補償の範囲及びその額(以下、これらを『補償額』という。)の決定につき収用委員会に裁量権が認められるものと解することはできない。したがって、同法133条所定の損失補償に関する訴訟において、裁判所は、収用委員会の補償に関する認定判断に裁量権の逸脱・濫用

---

118) ★最判平成9・1・28民集51巻1号147頁。本件評釈として、宇賀1997b:262頁、三辺1997:136頁、福井1997:175頁、中川1998:32頁、川神1997:92頁、村上2006:430頁がある。

があるかどうかを審理判断するものではなく、証拠に基づき裁決時点における正当な補償額を客観的に認定し、裁決に定められた補償額が右認定額と異なるときは、裁決に定められた補償額を違法とし、正当な補償額を確定すべきもの」である。

②「土地収用法133条所定の損失補償に関する訴訟は、裁決のうち損失補償に関する部分又は補償裁決に対する不服を実質的な内容とし、その適否を争うものであるが、究極的には、起業者と被収用者との間において、裁決時における同法所定の正当な補償額を確定し、これをめぐる紛争を終局的に解決し、正当な補償の実現を図ることを目的とするものということができる。右訴訟において、権利取得裁決において定められた補償額が裁決の当時を基準としてみても過少であったと判断される場合には、判決によって、裁決に定める権利取得の時期までに支払われるべきであった正当な補償額が確定されるものである。しかも、被収用者である土地所有者等は右の時期において収用土地に関する権利を失い、収用土地の利用ができなくなる反面、起業者は右の時期に権利を取得してこれを利用することができるようになっているのであるから、被収用者は、正当な補償額と裁決に定められていた補償額との差額のみならず、右差額に対する権利取得の時期からその支払済みに至るまで民法所定の年5分の法定利率に相当する金員を請求することができる」。

「本件訴訟では、小作権があるとされる場合においても土地所有者であるXが前記権利取得の時期までに払渡しを受けるべき底地権相当の補償額が争われ、その額について正当な補償額に不足するとの判断がされたものであるから、その差額の支払義務は供託の対象となっている債務とは別のものであり、右差額については、右権利取得の時期より後の法定利率相当額が付されるべきものと解するのが相当である」。

第3章 権利対価補償に関わる問題

## 3. 考察

### （1）損失補償額の認定に関する収用委員会の裁量権の有無

　土地収用法133条1項は「収用委員会の裁決に関する訴え（次項及び第3項に規定する損失の補償に関する訴えを除く。）は、裁決書の正本の送達を受けた日から3月の不変期間内に提起しなければならない」とする一方で、同条2項は「収用委員会の裁決のうち損失の補償に関する訴えは、裁決書の正本の送達を受けた日から6月以内に提起しなければならない」とし、同条3項は「前項の規定による訴えは、これを提起した者が起業者であるときは土地所有者又は関係人を、土地所有者又は関係人であるときは起業者を、それぞれ被告としなければならない」とする。前者は公益的裁決事項であるから、それについての争いは収用委員会を相手取った不服申立ておよび抗告訴訟（取消訴訟）の対象とすべきであるが、後者は公益的裁決事項に影響しない、私益的裁決事項であるから、直接の利害関係当事者間で争うことが適切であるとの考慮に基づくもので、形式的当事者訴訟（行政事件訴訟法4条前段）に当たると解されている。その法的性質については、①収用委員会裁決における補償額部分の変更を求める訴訟であるとみる見解（形成訴訟説）と、②差額部分の給付（増額請求の場合）または債務不存在の確認（減額請求の場合）を求める訴訟であるとみる見解（給付／確認訴訟説）がある。もっとも、この見解の相違は、土地収用法133条に定める損失補償の訴えが、（a）収用委員会の裁量権の存在を前提にその逸脱・濫用の有無を審理判断すべきものか、（b）裁決時の客観的に正当な補償額という事実を確定すべきものかという、本件の中心問題とは必ずしも連動せず、本判決もこの点について態度を明確にするものではない[119]。むしろ、③取消訴訟の排他的管轄に属

さない独自の訴訟類型を法定したものと解すれば足りるとの見解もある[120]。

　この中心問題につき、下級審裁判例には、(a) 説に立つと解されるものと[121]、(b) 説に立つものがあったが[122]、本判決は (b) 説に立つことを明確にした。もっとも、その理由として、本判決が損失補償の内容の決定基準に関する判例法理（いわゆる完全補償説）[123]を援用する点に対しては、完全補償説を収用委員会の損失補償額の決定に関する裁量の余地を否定する根拠とすることには批判もある[124]。これに対し、土地収用法133条が公益的裁決事項に関する訴え（1項）と私益的裁決事項に関する訴え（2項・3項）を区別し、後者をあえて当事者訴訟の対象としている趣旨を、後者に関する収用委員会の裁量権を否定する論拠とみる見解がある[125]。こうした理由に加え、①土地所有権および本件のような土地所有権以外の権利の評価には評価者による判断の幅が少なくないことが、その点について収用委員会に裁量権を認めるべきことには直結しないこと、②そうであるとすれば、損失補償の額については、収用委員会が採用した評価の基準・方法・価値判断自体も広く司法判断の対象とすることが、最終的には財産権保障（憲法29条3項）の趣旨に適合するという実質的理由から、(b) 説が妥当であろう。

---

119) 中川1998:33頁、村上2006:430-431頁。
120) 宇賀1997b:263頁、宇賀1997a・488頁。
121) ★福岡高判平成元・8・31判時1349号38頁（もっとも、収用委員会の判断を事実上尊重したにすぎないと解釈する余地もある。中川1998:34頁）、本件第1審判決等。
122) 本件第2審判決等。
123) ★最判昭和48・10・18民集27巻9号1210頁。
124) 福井1997:16頁。
125) 宇賀1997b:263頁。

## （2）遅延損害金支払請求の肯否と起算点

　土地収用法133条2項・3項の損失補償に関する訴えについて前記（b）説に立つとすれば、収用裁決の補償額と裁判で確定された正当な補償額の差額については、権利取得時以降の遅延損害金の支払をも請求できることになる[126]。この帰結は、損失補償に関する訴えについて給付／確認訴訟説によれば当然といえる。他方、形成訴訟説に立つ場合、増額変更を命じる判決の確定によって差額の支払義務が発生し、その時までは履行遅滞にないとの考え方もあるが、判決確定によって補償額が遡及的に変更されるという解釈も可能である[127]。仮に形成訴訟説に立つにしても、損失補償制度および財産権保障の制度趣旨からは、後者の解釈が妥当であろう。

---

126) 本件では、本件土地に対するＹの権利取得日は平成2年4月20日であるが、Ｘがあえて訴状送達の日の翌日である同年6月29日からの遅延利息を請求しているため、第2審判決および最高裁判決はそれに従ったものと解される。
127) 村上 2006:431 頁。

# 第4章

## 通常生ずべき損失の補償に関わる問題

## ⑩ 法令改善費用・機械の更新費用等の運用益相当額補償および営業補償の例

最判平成 11・1・22 判地 203 号 77 頁・78 頁

**POINT**

　第 4 章は、損失補償の具体的内容の第 2 の柱として、土地等の取得によってその権利者に「通常生ずる（受ける）損失」の補償（いわゆる通損補償。公共用地の取得に伴う損失補償基準要綱 43 条、土地収用法 88 条等）に関する事例を検討する。通損補償には、起業者が土地等に対する権利を取得したことにより、当該権利者が①土地上の建物、その他の物件の移転に伴って通常支出を余儀なくされる費用に対する補償、②そうした物件の移転がなければ得られたであろう利益の喪失に対する補償等が含まれる。

　本節では、製薬工場の移転に伴う建物・施設の法令改善費用ならびに機械・装置の買換え・設置に必要な費用の運用益相当額の補償、および営業補償の一部が認められた事例を題材にして検討する。

## 1. 事案の概要

### （1）収用委員会裁決

　X 製薬会社（原告）は、収用裁決日（昭和 57 年 7 月 13 日）当時、収用土地上に建物 α を、隣接土地上に建物 β を所有し、これらを一体の H 製薬工場として医薬品の製造等の事業を行っていた。Y（大阪市。被告）は、都市計画法に基づく事業認可の告示（昭和 46 年 3 月 30 日）がされた大阪市平野区西脇 4 丁目以南の幅員 40 〜 55 m、延長 3,285 m の道路新設事業のため、大阪府収用委員会に裁決申請し、同委員会

## ❿ 法令改善費用・機械の更新費用等の運用益相当額補償および営業補償の例

はXに対し、昭和 57 年 7 月 13 日付けで、本件収用土地を収用し、損失補償額は 26 億 6,878 万 1,821 円、権利取得時期は昭和 57 年 9 月 30 日、明渡期限は昭和 60 年 9 月 30 日とする旨の裁決をした。

そのうち、①土地収用法（以下、法という）77 条による建物・設備移転料 1 億 9,824 万 8,749 円（建物移転料 1 億 6,860 万 8,000 円、設備関係移転料 2,964 万 749 円）、②法 77 条による関連物件（建物・設備）移転料 4 億 5,952 万 6,912 円（建物移転料 3 億 6,102 万 4,000 円、設備関係移転料 9,850 万 2,912 円）、③法 77 条による設計監理料 4,119 万 3,000 円、④法 88 条による機械・装置の移転料 8,519 万 5,324 円、⑤法 88 条による関連物件（機械・装置）の移転料 13 億 7,931 万 7,255 円、⑥法 88 条による営業補償 1 億 7,534 万円（製造費用補償 1 億 7,106 万円、移転広告費 428 万円）、⑦従業員移転関係費用 0 円、⑧本件収用土地に対する補償 2 億 3,551 万 5,581 円とされた（【図表 4 − 1】）。

【図表 4 − 1 】
建物・設備および機械・装置の移転料、営業補償等

|  | 建物・設備移転料（法77条） | 同関連移転料（法77条） | 設計・監理料（法77条） | 機械・装置移転料（法88条） | 同関連移転料（法88条） | 営業補償等（法88条） |
|---|---|---|---|---|---|---|
| 収用委員会裁決 | 1億9,824万8,749円 | 4億5,952万6,912円 | 4,119万3,000円 | 8,519万5,324円 | 13億7,931万7,255円 | 1億7,534万円 |
| 第1審判決 | 1億4,685万9,000円（改善費用運用益増額法88条） |  |  | 9,824万3,576円（増額） |  | 1億3,599万3,042円（増額） |
| 第2審判決 | 同上 |  |  | 同上 |  | 103万7,560円（増額） |
| 最高裁判決 | 同上 |  |  | 同上 |  | 同上 |

（2）原告の主張

これに対し、Xは、昭和 57 年 10 月 15 日（法 133 条の出訴期限内）

に16億6,829万6,000円の増額を求めて本件訴えを提起し、昭和60年3月11日（同出訴期限後）に請求金額を29億9,587万8,718円に拡張する旨申し立てた（平成元年4月4日に29億9,056万5,785円に減縮）。その際Xは、①裁決後の事情も法133条の訴えの判決の基礎としうること、②Xの土地利用（薬品の生産・供給）には公共性が認められるゆえに、「公共事業の施行に伴う公共補償基準要綱」（昭和42年2月21日閣議決定）に基づく機能回復原則に従って補償すべきこと、③XがH工場と同様の医薬品製造を行うにはH工場の建物、設備、機械等の物的施設の再現だけでは足りず、薬事法等の関連法令によって法制化された製造品質管理基準（Good Manufacturing Practice：GMP）に従って新工場において医薬品目ごとに製造許可を受ける必要があり、XがH工場でもっていた製造許可の喪失に対する補償を含む、医薬品の生産機能を回復するに足りる補償を要すると主張した。

　Xは、H工場の移転先として兵庫県小野市古川町南山にO工場を建設したが、その建築費用と設計・監理料に対するH工場の床面積に相当する割合は建築費用15億7,678万8,022円、設計監理料5,991万7,944円（合計16億3,670万5,966円）を下回ることはないとしたうえで、①建物および設備の建築費用9億6,032万4,361円（本件裁決が認めた法77条・88条に基づく建物・設備関係移転料の合計6億5,777万5,661円から建物解体費用4,131万2,000円を控除したH工場の再建築費用分6億1,636万3,661円とO工場の建築費用のうちH工場の床面積に相当する前記15億7,678万8,022円との差額）および②設計監理料1,872万4,944円（本件裁決が認めた設計監理料4,119万3,000円とO工場の設計監理料のうちH工場の床面積に相当する前記5,991万7,944円との差額）を請求した。

　これらの予備的請求としてXは、仮に①・②の建物・設備の移転料等の増額請求（合計9億7,904万9,305円）が認められない場合、③法88条に基づき、先行投資額の運用益相当額のうち、9億7,904万

9,305円（本件裁決による前記明渡期限昭和60年9月30日における残存耐用年数約17年、GMPに適合した製薬工場の建設に要する費用の前記下限16億3,670万5,966円に対する商事法定利率年6％の利息相当額の17年分である16億6,944万85円から、本件裁決が認めたH工場の再建築費用分6億1,646万3,661円および設計監理料4,119万3,000円を控除した10億1,178万3,424円）を請求した。

また、Xは、④営業補償として1億7,106万円（大阪府収用委員会審理で本件収用土地の明渡しのために2か月間の休業が必要であるとして求めた5億3,190万3,000円を下回る額）を主張した。ちなみに、本件裁決はXが製造工程ごとに段階的移転を行うことにより、10日間の操業停止によって明渡しを完了可能とした。

さらに、Xは、⑤従業員移転関連費用として、1億864万7,656円の補償を請求した。

### （3）被告の反論

以上に対し、Yは、①裁決後の事情は法133条の訴えの基礎とすることはできない（法49条2項、48条3項も参照）、②建物・設備等の移転費用としてはH工場を現状有姿で再建するに足りる補償をすればよく、本件裁決が定めた補償金額に不足はない、③本件裁決はH工場について再建工法を前提とし、減価償却累計額の控除を行わずに移転料を算定しており、先行投資を云々する余地はない、④営業補償に関し、操業停止期間は10日間で足りる等の反論をした。

### （4）第1審判決

第1審判決は、Xの請求のうち、3億8,109万5,618円（医薬品の生産機能を回復するために必要な建物・設備等の改善費用の運用利益相当額1億4,685万9,000円、機械・装置の移転費9,824万3,576円、営業補償

第4章　通常生ずべき損失の補償に関わる問題

1億3,599万3,042円）および判決確定日の翌日から支払済みまで年5分の割合による遅延損害金の支払を認めた（【図表4－1】）[128]。

(ｱ)　Yの本案前の主張（出訴期限の徒過）

　　Xは、補償金増額請求の拡張の前後を通じ、本件裁決によって確定された損失補償の適否ないし本件収用に伴う損失補償請求権を訴訟物として本件訴訟を維持・追行していることは明らかであり、請求の拡張によって訴訟物に変更はない。したがって、拡張後の請求に係る訴えは当初の訴え提起のときに提起されたものと同視できるから、出訴期間の遵守に欠けるところはない[129]。

(ｲ)　建物・設備の移転料

　　一般に既存不適格建物の移築に伴い、これを法令の規定に適合させるために改善すべきことは、既存不適格建物の所有権に内在する制約（同建物の所有者に等しく課された義務）であり、改善の結果は財産的価値として所有者に帰属するから、法令改善費用自体は被収用者の損失とは認められない。しかし、既存不適格建物といえども、従前は適法な建物として存立を認められていたものが、収用を原因としてその構造の改善を要することになったのであるから、改善時期が繰り上がったことによる損失、すなわち、物件移転時期から社会通念上収用がなければ改善を必要としたであろう時期までの期間の法令改善費用の運用利益相当額は、収用によって土地所有者が通常受ける損失として法88条に基づいて

---

128)　★大阪地判平成4・6・26判タ793号98頁。
129)　★最判昭和58・9・8判時1092号62頁〔主位的請求（収用裁決取消訴訟および損害賠償請求訴訟）に加え、出訴期間経過後に損失補償請求訴訟を予備的に追加することは、訴訟物および請求の性質が異なるところから、主位的請求にかかる訴え提起の時に損失補償に関する訴えの提起があったと解することはできないとして、損失補償請求が却下された事例〕を参照引用。

### ❿ 法令改善費用・機械の更新費用等の運用益相当額補償および営業補償の例

補償を要する。

　法88条は客観的・社会的にみて、収用によって被収用者が通常受けるであろう経済的、財産的損失につき、収用の前後を通じて被収用者の有する財産的価値を等しくならしめるに足りる補償をすべきことを規定する。この理解を前提とすれば、Xが主張するようにH工場を製造所として製造許可を得ていた医薬品につき、移転先で新たに製造許可を得て製造を再開するためには、移転料等の額を上回る「生産機能の回復に要する費用」の出捐が必要であるとしても、「右費用投下したことによって、Xはその投下資本に見合う新工場（経済的、財産的価値）を取得することができるのであるから」、生産機能の回復に要する費用の額自体をXの損失と認めることはできない。しかし、製薬工場の構造・設備の改善費用の支出時期が繰り上がった期間における運用利益相当額は、法88条に基づき、本件収用によって通常受ける損失として補償を要する。

　本件の場合、O工場の建設請負金額および設計・監理料それ自体は同工場の建築費用としては妥当な金額と認められるから、その合計額のうちH工場の床面積相当額と本件裁決が認めたH工場の推定再建築費用および設計・監理料の合計額の差額の概ね5割（4億8,953万円）に相当する限度で、「客観的・社会的にみて、通常、H工場のような構造設備を有する製薬工場を移転する場合に、移転先において医薬品の生産機能を回復するために、支出を余儀なくされる構造設備の改善費用の額」と認められる。本件裁決当時、H工場はGMP適合工場としての限界に近づき、Xとしては近々工場の移転・新設等の抜本的改善を行う必要に迫られていたと認められるから、客観的・社会的にみて、本件収用によって生産機能回復のための改善費用の支出の時期が繰り上がったものと認め

129

られる期間は5年を超えない。Xが本件収用によって医薬品の生産機能を回復するために必要な改善費用を支出せざるを得なかったことによる実損は、4億8,953万×0.06（商事法定利率）×5＝1億4,685万9,000円となる。

なお、XはH工場での医薬品の生産機能を回復するに足りる工場建築に要する費用の額を建物・設備の移転料として補償すべきと主張するが、建物・設備の移転料は移転対象となる建物・設備自体の「財産的価値ないし物的機能」に着目して補償金額を算定すれば足り、H工場の生産機能を回復するためにXに生じる損失の補償の要否の問題は、法88条「その他通損」として補償の要否を検討すべきものである。

また、公共補償基準要綱（任意協議段階における公共補償の統一的基準）にいう公共施設等とは、公共事業の用に供する施設（公共施設）および村落共同体その他の地縁的性格を有するものが設置し、管理する施設で公共施設に類するものをいい、私人が設置する施設はこれに含まれない。

(ウ) 機械・装置の移転料

収用地上の物件の確認・補償金の算定には相当の期間を要するが、土地収用法上、収用委員会の審理手続について裁決の基礎とすることができる事実の時的限界を定める規定（訴訟における口頭弁論終結のような規定）がない以上、調査日以後裁決時点までに事実の変更があったことが立証された場合は、裁決時点に存在した変更後の客観的事実を基礎として、通常生じる損失の範囲を判断すべきである。しかし、本件では、裁決時点に存在した客観的事実を基礎として、客観的・社会的にみて、明渡時期までに裁決後設置物件の買換えや新設が行われるであろうことが、通常の事態

❿ 法令改善費用・機械の更新費用等の運用益相当額補償および営業補償の例

であるとは認め難く、裁決後設置物件の移転料をもって通常受ける損失ということはできない。

他方、法89条1項の趣旨からすれば、事業認定の効果の及ばない起業地外の土地の利用に同条の制約が及ばず、また、起業地上の建物内への機械等物件の設置も起業地そのものへの物件の設置に当たらない以上、同条の制約は及ばない。また、もっぱら移転料の増額を企図して裁決直前に物件の設置が行われたとの特段の事情が認められれば当該物件の移転料は信義則上補償の対象とはなりえないが、本件機械・装置がそうした目的のために買換えまたは新設がされたとの事実を認めるに足りる証拠はない。本件裁決で移転料補償が認められなかった機械・装置のうち、裁決日（昭和57年7月13日）までに設置されたものについては再建工法による移転料として、9,824万3,576円の増額を認めるべきである。

(エ) 営業補償

営業上の損失の補償としては、①固定的経費として7,715万9,330円（H工場製造経費5,784万3,984円、研究経費298万7,485円、販売費・一般管理費1,632万7,861円）、②休業手当相当額1億1,428万5,481円（H工場従業員分8,000万5,126円、研究開発活動従業者分1,568万5,533円、販売管理部門従業員分1,859万4,822円）、③供給停止回避のための増分経費等4,683万2,024円、④収益補償2,351万5,779円、⑤試験操業費4,526万410円、合計3億705万3,042円となり、これと本件裁決で認容された製造費用補償金額1億7,106万円との差額1億3,599万3,042円が営業上の損失に対する補償金の増額分と認められる。

(オ) 従業員移転関連費用

第4章　通常生ずべき損失の補償に関わる問題

　　　　　仮にH工場の移転先としてO工場の土地が客観的・社会的にみて通常採用される移転先地であるとしても、同土地への移転によってX主張のごとき損失が通常生じるものと認めるに足りる的確な証拠はない。したがって、従業員移転関連費用の補償を求めるXの主張は理由がない。

　　（カ）遅延損害金の起算点
　　　　　Xは本件裁決で定められた補償金受領日の翌日である昭和57年8月20日から支払済みまでの遅延損害金の支払を求めるが、法133条の訴えは無名抗告訴訟の実質をもち、本件裁決を変更する法的効果が生じる本判決確定の日に初めてYは増額補償金の支払義務を負担するに至るものと解される。したがって、増額補償金に対する遅延損害金の起算日は本判決確定の日の翌日となる。X勝訴部分について仮執行宣言を付することもできない。

## （5）第2審判決

　Yの控訴に対し、第2審判決は、原判決を変更し、補償金の増額分として、YはXに対し、2億4,614万136円（医薬品の生産機能を回復するために必要な改善費用の運用利益相当額1億4,685万9,000円、機械・装置の移転料9,824万3,576円、営業補償103万7,560円）およびこれに対する本判決確定日の翌日から支払済みまで年5分の割合による金員を支払うべきものとした（【図表4－1】)[130]。

　第2審判決は、第1審判決のうち、（ア）出訴期限の徒過、（イ）建物・設備の移転に関する法令改善費用、（ウ）機械・装置の移転料、（オ）従業員移転関連費用、（カ）遅延損害金の起算点については原判

---

130) ★大阪高判平成6・11・29判タ881号85頁。

決を認容したが、(エ)営業補償に関しては、原判決を変更した。

すなわち、X主張にかかる操業停止期間中の固定的経費補償のうち、製造経費および研究経費については、操業停止期間中も維持された営業・販売活動によって回収される関係にあり、補償対象とはならない。また、H工場の移転によって操業を停止しても、ストック製品の販売等によって、ほぼ平常どおりの営業活動を維持することができたのであり、かつそのような措置を講ずることがXのような医薬品の製造等に携わる企業の社会通念上相当な企業判断であることからすれば、企業の営業活動一般の進行に伴って発生する費用項目である販売費および一般管理費についても、営業・販売活動を通じて回収し得る関係にあるから、Xに通常生ずる損失とは認められない。その結果、Xに対して支払われるべき営業補償は1億7,209万7,560円（①休業手当相当額・H工場製造経費8,000万5,126円、②供給停止回避のための増額分経費等4,683万2,024円、③試験操業費4,526万410円）であり、本件裁決で認容された製造費用補償金額1億7,106万円との差額103万7,560円が営業補償金の増額分と認められる。

## 2. 最高裁の判断

### (1) 建物・機械等の移転料等について

Yの上告および営業補償に関するX・Yの附帯上告に対し、最高裁は上告をいずれも棄却し、原判決を認容した。

本件の事実関係の下では、「いわゆる既存不適格建築物を建築基準法に適合させ、かつ、医薬品製造施設をいわゆるGMP規制に適合させて移転先工場の生産機能を回復するための改善費用の5年間分の運用益相当額の損失が土地収用法88条にいう通常受ける損失に当たり、また、…機械・装置の買換えや設置については同法89条1項の適用

対象とはならず、その移転に要する費用も同法88条により補償を要するとした原審の判断は、正当として是認することができ、その過程に所論の違法はない」[131]。

### (2) 営業補償等について

「原審の適法に確定するところによれば、Xのような医薬品製造業者が約3年後の工場移転を余儀なくされる場合には、客観的・社会的にみて、通常は、製品の供給停止を可及的に回避すべく、社会通念上相当な企業判断に基づく措置が執られるのであって、Xも、工場の操業停止に備え、操業停止期間である2箇月分の生産高に相当するストックを増産して営業販売活動を継続したため販売活動にはほとんど影響がなかったというのであり、その他の原審認定事実をも総合してみれば、試験操業期間の営業補償、ストック生産による経費増額分の補償及びH工場従業員の休業手当相当額を補償すべきであって、製造経費及び研究経費等の固定的経費の補償、研究開発活動従事者及び販売管理部門の従業員に対する休業手当相当額の補償並びに利益補償については請求に理由がないとした原審の判断は、正当として是認することができ、その過程に所論の違法はない」。

## 3. 考 察

### (1) 法133条に基づく出訴期限後の増額請求

本件では、Yが本案前の主張として、法133条1項の出訴期間内に補償金の増額請求が行われたが、出訴期間経過後にその拡張および減額の申立てがされたことに対し、請求の拡張部分は出訴期間を徒過し

---

131) ★最判平成11・1・22判地203号77頁。

た不適法な訴えであるとした。しかし、第1審・第2審判決ともに、請求の拡張の前後を通じて訴訟物（本件収用に伴う損失補償請求権）が同一であるから、請求の拡張は攻撃・防御方法たる主張の追加・変更にすぎず、請求拡張後の訴えも当初の訴え提起の時に提起されたものと同旨しうるとした[132]。

## （2）いわゆる法令改善費用の補償

　法88条は「第71条、第72条、第74条、第75条、第77条、第80条及び第80条の2に規定する損失の補償の外、離作料、営業上の損失、建物の移転による賃貸料の損失その他土地を収用し、又は使用することに因つて土地所有者又は関係人が通常受ける損失は、補償しなければならない」とする。本判決は、いわゆる法令改善費用の出捐が通常より早まった分の運用益喪失額が法88条の通常受ける損害に当たると認めた。加えて、いわゆる行政指導による設備等の改善に要する上乗せ的費用についても、法令改善費用と同様に運用益相当額の補償を認めた点が、本判決の意義として重要である。

　この点は、法令等の形式にかかわらず、物件の移転に伴う建物・設備、機械・装置等の改善が、当該権利者による建物等の利用方法として一般化した標準に適合させるための出費に当たるときは、同様に運用益喪失分の補償を認めてよいものと解される。

## （3）事業認定後の設置物件に対する補償

　法89条1項は「土地所有者又は関係人は、第26条第1項の規定による事業の認定の告示の後において、土地の形質を変更し、工作物を新築し、改築し、増築し、若しくは大修繕し、又は物件を附加増置

---

132) この点は、最高裁では最早争われていない。前掲・注129参照。

第4章　通常生ずべき損失の補償に関わる問題

したときは、あらかじめこれについて都道府県知事の承認を得た場合を除くの外、これに関する損失の補償を請求することができない」とする。しかし、機械・装置の買換えや設置については、同条項は適用されないことにつき、本判決は原判決を認容している。それが権利者による建物等の通常の利用方法として認められること、それによって起業者の事業を妨げるものとは解されず、法89条の趣旨には反しないと解されることから、妥当であろう。

### （4）操業停止期間中の営業補償等

　権利者の操業が一定期間停止する場合でも、相当期間前から予めそれに備えてストックを増産し、営業活動を継続する等により、営業上の損失の回避、無駄になる出費の回避等が通常可能であると認められるものについては、補償の対象とならない。本判決は、試験操業期間の営業補償、ストック生産による経費増額分の補償およびH工場従業員の休業手当相当額の補償を認める一方で、製造経費・研究経費等の固定的経費の補償、研究開発活動従事者および販売管理部門の従業員に対する休業手当相当額の補償ならびに利益補償については請求を棄却した原判決を支持しており、妥当な判断であると解される。

## ⑪ 立木の損失補償の例

### 最判平成 14・6・11 民集 56 巻 5 号 958 頁

**POINT** 　前節から、土地の買収・収用によって権利者に「通常生ずる損失」の補償（いわゆる通損補償）について検討を始めた。通損補償については様々な角度から検討し、その輪郭を明らかにする必要がある。本節では、土地の収用によって地上物件の補償が問題になった事案のうち、土地収用法 71 条の解釈として、果樹、その他の立木に対する損失補償の補償額の当否等が争われた事例を題材にして、立木補償の現状と課題を検討する。それを通じて、通損補償の 1 側面に迫ってみたい[133]。

　立木は、民法の一般法理上は、土地の「定着物」（民法 86 条 1 項）であり、かつ立木に関する法律（以下、立木法という）に基づく登記または明認方法を施さない限りは[134]、土地と一体化した不動産として取り扱われる。しかし、損失補償基準上、立木の取扱いには曖昧な点が残されており、土地と立木との法律上の関係をどのように捉えるかにより、損失補償法理における立木補償の位置づけについても異なった見方が出てくる。すなわち、（a）土地に対する権利対価補償の一部として捉えるべき（その場合は土地収用法 71 条の問題となる）か、（b）土

---

[133] 本節で取り上げる判決（★最判平成 14・6・11 民集 56 巻 5 号 958 頁）の判示事項のうち、本節では果樹、その他の立木補償の方法および額をめぐる当事者間の争いに焦点を当てて検討する。他方で、本判決においては事業認定時価格固定制を定める土地収用法 71 条が憲法 29 条 3 項に適合するか否かも問題になった。この点に関しては、第 3 章・❻節で論じた。本節では前記の点に絞りつつ、事案に関しても改めて概要を確認する。

[134] 明認方法とは、当該立木が地盤である土地とは別個に取り引きされた客体である旨、および当該立木の権利者が誰であるかを事実上公示するに足る慣習的な方法で、継続していることを要する。

第4章　通常生ずべき損失の補償に関わる問題

地上の物件の移転費用として、通損補償の一環として捉えるべき（その場合は土地収用法77条・78条・79条・80条の問題になる）かである。各種の裁判例集に公刊された裁判例の中で立木補償が中心争点になった事例は少ないように見受けられるが[135]、今回は立木補償の問題を含む事案を題材にして、損失補償法理の観点から立木補償の位置づけ、それに基づく問題解決の方向性等について検討を加える。

## 1. 事案の概要

### （1）収用裁決に至る経緯

$X_1$（原告。その訴訟承継人$X_2$〜$X_9$）は、和歌山県田辺市に土地（3,535.89㎡。以下、本件収用地という）を所有していた[136]。本件収用地は国鉄（当時）紀勢本線紀伊田辺駅南東1.8km、紀伊新庄駅北方800mの地点で、新庄地区から麻呂地区に通ずる幅員4〜5mの農免道路（未舗装）から約50〜100m入った辺りに位置し、その利用状況は大部分がみかん畑で、傾斜部分等が雑木林であった。その地形は標高約30mの丘陵地と谷からなり、相当の高低差があり、段々状の部分もあった。昭和43年3月29日施行の建設省（当時）告示503号により、本件収用地およびその付近は宅地造成等規制法3条1項に基づく宅地

---

[135] これに対し、収用委員会の裁決例は少なくない。これに関しては、公共用地補償研究会 2010:344-380頁参照。
[136] $X_1$は昭和44年11月5日に死亡し、その権利・義務を子$X_2$、$X_3$、$X_4$、$X_5$、$X_6$、$X_7$、$X_{11}$および$X_{16}$が承継し、その後、$X_{16}$が昭和55年6月13日に死亡したことから、その権利・義務を子$X_8$および$X_9$が承継し、$X_{11}$が昭和56年12月25日に死亡したことから、その権利・義務を子$X_{10}$、$X_{12}$、$X_{13}$および$X_{14}$が承継した。

❶ 立木の損失補償の例

造成工事規制区域に指定された。本件収用地上には、みかん等の果樹、その他の立木、建物（木造平屋建瓦葺小屋 39.41㎡。みかん栽培のための作業・休憩小屋として戦前に建築。以下、本件建物という）が存在した。

　Y電力会社（被告）は、昭和41年11月頃、新田辺変電所の建設を計画し、同年12月頃から本件収用地を含む付近一帯を建設予定地に決定し、昭和42年1月頃から鉄塔建設用地、送電線用地等の関連用地を含む土地の地形・面積の測量、土地価格鑑定、地上物件調査、補償金試算等の準備を進め、土地所有者と用地取得交渉に入った。Yは約1年かけて、Xらを除く土地所有者から任意買収によって用地を取得した。すなわち、Yは、Aから本件収用地の南方を通る農免道路の北側で同道路に面する田538㎡を7,500円／㎡、総額396万円で取得した。Yは、BからA所有地の北西に隣接する畑81㎡を3,025円／㎡、総額24万502円で、Cから本件収用地の南側に隣接する畑993㎡と地上建物（床面積約5.43㎡）、みかん10本、柿1本、梅等を含めて3,025円／㎡、総額300万3,825円で取得した。さらに、Yは、Dから本件収用地の南側に隣接し、C所有地の東側に隣接する畑2,287㎡を、地上のみかん樹100本余り、梅約65本を含め、3,630円／㎡、総額830万1,810円で、Eから本件収用地の南西側に隣接し、C所有地の西側に隣接する畑6,084㎡を、地上のみかん樹約300本、梅約200本、雑木約100本を含め、3,933円／㎡、総額2,392万8,372円でそれぞれ買い受けた。C、D、Eの土地利用状態はXらの所有地と同様に主としてみかん畑であったが、C、Eらの土地が比較的なだらかな土地であったのに対し、Xらの本件収用地は高い所は他の土地に比して最も高く、谷の部分もあって高低差が相当あった（【図表4－2】）。

　Xらは、Yから用地買収交渉を受けた当初から代替地の斡旋を求めたが、希望に添う代替地が見つからなかった。Xらが選任した代理人Zは、昭和43年2月頃、Yに損失補償金として総額1億2,300万円

**【図表4－2】**
本件収用地および周辺土地

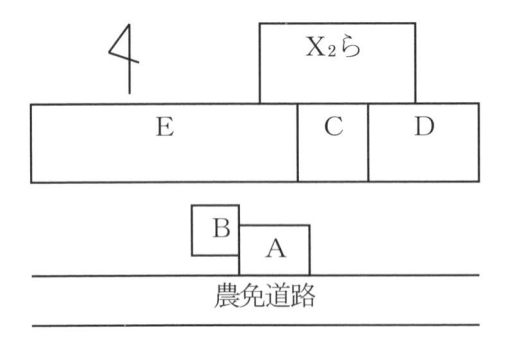

```
         ┌──────┐
      ↑  │ X₂ら │
      ┌──┴──────┴──────┐
      │     E    │C│ D │
      └──────────┴─┴───┘
              ┌─┬──┐
              │B│A │
      ────────┴─┴──┴────
              農免道路
```

を要求し、同年8月には総額7,500万円まで要求額を減額したが、Yが呈示した総額約1,100万円（約1万円／坪）との間には大差があった。Yが同年6月頃に依頼した不動産鑑定では、本件収用地の価格鑑定は近隣同類地の取引事例価格から造成前宅地見込地として2,000円／㎡と鑑定評価された。Yは、同年8月、補償金額を707万1,780円と算定し、収用裁決を申請した。

### （2）果樹、その他の立木補償の額の算定方法

（ア）Yは、物件調書の作成に当たり、新庄農業協同組合のQ、$X_2$の立会いの下、本件収用地上の果樹について所有者、本数、樹齢を調査した。近傍では果樹の取引事例は見当たらず、本件では技術上移植は不可能と考え、**伐採補償**（立木を伐採して所有者に引き渡し、伐採木の価格を控除したものを補償額とする）の方法を採用した。伐採補償の基準として、当時の「建設省の直轄の公共事業の施行に伴う損失補償基準」（昭和38年3月20日建設省訓令5号）41条、「電源開発等に伴う損失補償基準」（昭和38年11月25日通商産業省

通達38公6139号）43条等は、取引事例のないときは未収益樹については収用時までに要した経費の後価合計額、収益樹については残存効用年数に対する純収益の前価合計額を正当な補償額とする旨定めていた。Yはこれらの基準を前記調査結果に適用し、本件収用地上の果樹補償を合計408万947円と算定し、本件裁決を申請した。

(イ) 本件収用地上のその他の立木につき、Yが所有者、種類、数量、胸高直径等を調査したところ、杉、松、槙、もろんど、桐、山桃、どんぐりの樹種、合計1,001本があり、人工の防風林を形成していた。これらについては市場価格はあるものの、伐採期には達していないものであった。Yは**伐採補償**と**取得補償**（起業者が立木を取得することを前提とし、前記建設省訓令17条、同通産省通達19条により、伐期未到達の立木であって市場価格のあるものは伐期における当該立木の価格の前価額と収用時から伐期までの純収益の前価合計額との合計額を正当な補償額とする）のうち、補償額がより高くなる取得補償の方法を採用し、本件立木の正当な補償額を6万8,334円と算定して収用裁決申請を行った。

本件収用地上の建物につき、Yは、前記建設省訓令16条、同通産省通達18条（推定再建設費を取得時までの経過年数および維持・保存に応じて減価したものを補償額とする）に従い、1万9,200円と算定し、裁決申請した。

## (3) 収用委員会裁決

収用委員会が土地収用法65条に基づく鑑定を行ったところ、不動産鑑定士Sは昭和43年4月25日時点の本件収用地の価格を1,800円／㎡、総額636万4,602円、同年10月7日時点の本件建物の価格を2万9,557円と鑑定し、鑑定士Tは同年4月25日時点の本件収用地

の価格を 1,562 円／㎡、総額 552 万 6,060 円、本件建物の価格を 2 万 3,650 円、立木 997 本の価格を合計 6 万 9,520 円、みかん等果樹 441 本の価格を合計 106 万 2,000 円と鑑定した。同年 10 月 15 日、和歌山県技術吏員Mは、みかん等果樹 453 本の価格を合計 257 万 7,448 円と鑑定し、同月 7 日、和歌山県技師Nは立木 1,001 本の価格を合計 4 万 8,629 円と鑑定した。

　収用委員会は、さらに独自に現地調査を行ったが、果樹を 408 万 947 円とし、立木と建物については補償金額を具体的に明示しないまま、事業認定時の価格を全体としてYの申請額と同額の 1,124 万 261 円とし、これに事業認定時から裁決時までの物価変動に応じる修正率を乗じた 1,137 万 6,745 円を本件損失補償額と認定した。この金額は、地上物件を含めて、事業認定時で 3,178 円／㎡、裁決時で 3,217 円／㎡となる。

### （4）被収用者らの主張

　Xら 8 名（$X_1$ は当時死亡し、相続人 $X_{16}$ が加わる）は同裁決を不服とし、①Yおよび和歌山県を相手方として同裁決の無効を理由に本件収用地の明渡し等を求める訴え、および②収用委員会を相手方として本件裁決の取消しを求める訴えを提起し、その理由の中で本件収用地内の土地の位置・権利関係、本件収用地上のみかん等果樹、立木の数量、樹齢について本件収用裁決の認定に誤りがあること、本件建物の敷地や本件収用地の一部は収用できないにもかかわらず収用裁決がされたこと等を主張した。このうち、①について、和歌山地裁判決は同裁決が無効でないとしたが、裁決で本件収用地内に含まれるとされた $X_2$ 所有地が収用地の範囲内にあるとは認められないとし、同土地の所有権移転登記の抹消登記手続を命じた。また、②については、事業認定における起業地の範囲外および使用部分の土地を収用した違法がある

とし、その旨の宣言をしたが、事情判決によって裁決取消しの請求を棄却した。①・②に関する控訴審（大阪高裁）判決は、昭和60年11月17日、上告棄却の判決によって確定した。

本件は、③XらがYに対し、損失補償額の変更およびその支払等を求めたものである。

### (5) 第1審判決

第1審判決[137]は、$X_2$らの損失補償額の変更および支払請求を棄却した。理由は以下のとおりである。

(ア) $X_2$は、本件収用地は宅地見込地であり、収用時の価格は1万円／㎡を下らないと主張するが、本件収用地は直接道路に接しておらず、単独での宅地化は困難であり、その周辺地も宅地造成工事規制区域に指定され、宅地化の動向が顕著に見られる状況でもなかった。任意買収された周辺地は、道路に接するA所有の田が7,500円／㎡であったほかは、いずれも地上物件を含めて3,025円／㎡〜3,933円／㎡であった。また、これらの土地がなだらかであったのに比べ、本件収用地は相当高低差があってやや価格が低いと考えられるから、その補償額が地上物件を含めて事業認定時で3,178円／㎡とされたことが隣地に比較して不相当に低額であるとは認められない。さらに、本裁決は事業認定時の本件収用地の価格としては、鑑定結果中最も高額の2,000円／㎡とするYの申請額をそのまま認めたものと推認される。これらの事情を総合すると、本件収用地の補償金額は相当である。

(イ) $X_2$は、果樹の補償金に関し、みかんは合計1,728万円（4万円／本）、

---

[137] ★大阪地判昭和62・4・30民集56巻5号970頁。

梅は合計45万円（2万5,000円／本）、柿は合計1万円（5,000円／本）、いちじくは合計1万5,000円（3,000円／本）である旨主張するが、主張事実を認めるに足りる証拠はない。他方、Yは、伐採補償に関する訓令、通達の補償基準に従い、事前調査の結果を参酌し、果樹の収穫量、価格、投下資本等を地元の農業協同組合、農林省和歌山統計事務所、和歌山県等の資料による調査結果に基づいて本件収用地上の果樹補償について合計408万947円と算定し本件裁決を申請した。収用委員会は、2つの鑑定を行わせたところ、その本数に若干の差異があるものの、本件収用地上の果樹の価格は106万2,000円、257万7,448円とされたので、本件収用裁決で一番高額のY申請の金額を事業認定時の価格と認めたのであるから、これを基準としてなされた果樹補償金額は相当なものである。

（ウ）$X_2$は、残地上のみかんが本件収用後16年間に102本も枯死し、残ったみかんも今後20年間で年3割の減収が見込まれるとして、その補償金額を723万7,524円と主張する。しかし、同枯死が本件収用ないし本件収用地上の変電所建設によって生じたことおよび今後も残地上のみかんについて年3割の減収が見込まれることを認めるに足りる証拠はない。

## （6）第2審判決

$X_2$らは控訴し、果樹補償として1,784万6,496円、その他の立木補償として116万1,400円を請求した。これに対し、第2審判決は、$X_2$に対する果樹・立木等の補償については原判決の理由のとおりであり、$X_2$らが主張する果樹等の種類、数量、樹齢、金額は、認定事

---

138）★大阪高判平成10・2・20民集56巻5号1000頁。

実および証拠に照らしてにわかに信用しがたいとした[138]。

### （7）上告理由

$X_2$らは、法令違憲、理由不備等を理由として上告した。

そのうち、法令違憲として、$X_2$らは、土地収用法71条・72条が被収用地の価格を事業認定の告示の時における被収用地の価格に権利取得裁決の時までの間の物価の変動に応じる修正率（政令に従い、一般物価の変動率による）を乗じた額をもって補償額と定めているが、地価上昇率と物価変動率との間には顕著な差があるから、同条に基づいて算定された補償額は憲法29条3項の「正当な補償」の規定に反すると主張した。

## 2. 最高裁の判断

これに対し、最高裁は、つぎのように述べて$X_2$らの上告を棄却した[139]。

（ア）憲法29条3項の「正当な補償」とは「その当時の経済状態において成立すると考えられる価格に基づき合理的に算出された相当な額」をいい、必ずしも常に上記の価格と完全に一致することを要するものではないというのが最高裁判例であるから[140]、土地収用法71条が憲法29条3項に違反するかどうかも同判例の趣旨に従って判断すべきである。

土地収用法71条によるとすれば、事業認定告示の時から権利取得裁決の時までに近傍類地の取引価格に変動が生じることがあり、その変動率は必ずしも上記の修正率と一致するとはいえない。

---

139) ★最判平成14・6・11民集56巻5号958頁。
140) ★最大判昭和28・12・23民集7巻13号1523頁。

第4章　通常生ずべき損失の補償に関わる問題

　　しかし、近傍類地の取引価格の変動は一般的に当該事業の影響を受けたものと考えられるから、事業によって近傍類地に付加されることになった価値と同等の価値を収用地の所有者等が当然に享受しうる理由はなく、事業の影響によって生じる収用地自体の価値の変動は起業者に帰属または起業者が負担すべきものである。
　　また、土地収用法46条の2、46条の4は、事業認定告示後は、権利取得裁決前でも、土地所有者等が起業者に対し補償金の支払を請求でき、請求を受けた起業者は原則として2か月以内に補償金の見積額を支払わなければならないとするから、この制度によって所有者が近傍において被収用地と見合う代替地を取得することは可能である。
　　これらのことに鑑みれば、土地収用法71条が補償金の額について前記のように規定したことには十分な合理性があり、これによって被収用者は収用の前後を通じて被収用者の有する財産価値を等しくさせるような補償を受けることができるから、同条の規定は憲法29条3項に違反しない。

(イ)　その余の上告理由については、原審の認定判断は原判決挙示の証拠関係に照らして正当として是認することができ、その過程に所論の違法はない。

## 3. 考　察

### (1) 立木補償と本判決の位置づけ

　本件では、第1審・第2審で被収用地およびその地上物件(果樹、その他の立木を含む)の価格の算定等が問題となったが、第1審判決も原審判決も$X_2$らの請求を棄却したことから、$X_2$らは上告理由で

新たに土地収用法71条そのものが憲法29条3項に反すると主張して、その合憲性を争ったため、判旨では主としてその点に注目が集まる結果となった[141]。もっとも、第1審からの経緯を確認すれば明らかなように、土地収用法71条の合憲性は$X_2$らの上告理由ではじめて付加された争点である。したがって、本判決が果樹、その他の立木補償を、損失補償法理上、土地収用法71条の問題（土地価格の補償）であると認めたものとはただちにいえないかも知れない。

一方、本件事案の実質的争点は、みかん畑を中心とする土地の評価にあり、それとの関係で果樹、その他の立木の評価が問題になったものである。ちなみに、本件の事案では、起業者Yはみかん等の果樹については伐採補償によっているが、その他の立木については取得補償の方法によって補償額を算出している（前述1（2））。このうち、とくに後者は立木補償を「土地」評価（土地収用法71条）の一部と解する見解とも結びつきうる。

### (2) 立木補償の損失補償法理上の位置づけ

実際、本件の事案で登場する複数の不動産鑑定にも垣間みられるように、立木補償を損失補償法理としてどのように捉えるべきかについては、動揺がみられるように思われる。それは大きくは、（ａ）「土地」の価格の一部とみる見解（土地収用法71条の問題と解する）と、（ｂ）土地上の「物件」の移転補償の一例とみる見解（土地収用法77条～80条の問題と解する）に分かれる。後者の中でも、（ｂ－１）土地上の物件の移転、すなわち、移植可能かつ移植すべき立木の移植補償または移植不可能または移植すべきでない立木の伐採を原則とする見解（土

---

141) 本判決について解説ないし評釈する文献も少なくない。青野2002:465頁、青野2005:177頁、小高2002:146頁、清水2003:186頁、高橋2004:200頁、館田2003:17頁参照。

地収用法77条参照）と、（b-2）原則として取得補償によるべきとみる見解（土地収用法78条・79条・80条参照）とに分かれる。なお、（a）立木補償を「土地」の価格の一部とみる見解も、取得補償の一種と解することができる[142]。

もっとも、（ア）立木法の適用を受けて登記された立木、明認方法が施された立木、および土地所有者から立木所有の目的で権原の設定を受けて所有権を留保した立木（民法242条但書）は土地とは別個の定着物であり、したがって、移転補償の対象になると解される[143]。

他方、（イ）利用価値ないし経済的価値の認められない雑木等は土地と一体化した定着物とみて、土地価格の中に含めて算定され、土地とは別個の（移転料等の）補償を要しないものと解される。もっとも、そのように解する裁決例の中にも、そのような立木を土地の附加物と捉えるものと、土地の構成部分とみるものがある[144]。

しかし、（ウ）立木法に基づく登記も明認方法も権原の設定も受けていない立木で、経済的価値ないし利用価値の認められる庭木、果樹、その他の立木は、たとえ民法上は土地とは独立した定着物として扱われていなくとも、「物件」（土地収用法77条～80条）として扱うべきものと考えられている。その理由は、①それらの立木が公共事業の用に供されるものではないこと、また、②有用な価値があると認められた立木は移植可能な場合もあり、何らかの形で移転料の算定が求められることである[145]。

---

142) さらに、（b-3）土地収用法88条の「その他通損補償」に当たるとの解釈もある。例えば、平成13年度改正総合政策局総務課長通知第4・第5。この解釈の問題点（土地上の「物件」とみることを困難にする）を指摘するものとして、小澤2012b:193-196頁参照。
143) 小澤2012b:172頁。
144) 小澤2012b:172-173頁参照。
145) 小澤2012b:172頁、191頁参照。

**❶ 立木の損失補償の例**

　前記（ウ）の場合につき、損失補償基準関連の法令は、伐採補償を中心に規定を置いている（前記（ｂ－１）説）[146]。これに対し、取得補償によって対応すべきであるとの見解（前記（ｂ－２）説）も有力である[147]。また、近時の裁決例でも取得補償（移転料多額の場合の取得請求に関する土地収用法79条参照）が大勢になっているとみられている[148]。

　取得補償のメリットとしては、①立木所有者による伐採よりも伐採搬出費の全体コストを効率化することによって節約可能であること、②立木所有者による伐採費用の持出しのリスクを回避できること、③伐採意思のない立木所有者からの用地取得を円滑にしうること等が考えられる[149]。この観点から、損失補償基準の上でも、取得補償が認められる範囲が拡大されている（基準17条2項3号・3項、39条3項・4項・5項、40条3項・4項・5項、細則第5、第23・5項、第24・4項）[150]。取得補償の拡大は、立木補償の問題を取得されるべき地盤の「土地」評価（土地収用法71条）の一部として捉える方向へと促す契機となるようにも思われる。

　なお、本件では結論的に否定されたものの、残地の立木の収穫減も問題にされたことが注目される。その損失補償法理上の位置づけも議論の対象となるであろう。仮にそれも残地補償の一環として捉えられるとすれば、やはり「土地」価格の評価と密接に関わるものといえよう。

---

146) 細目19条、要綱30条、基準39条等。公共用地補償研究会 2013b:136-150頁参照。
147) 小澤 2012b:174-175頁、197-198頁参照。
148) 小澤 2012b:222-223頁参照。
149) 松尾 2011:100頁。
150) 松尾 2011:100-102頁参照。

# ⑫ 漁業廃止補償の例

最判平成 18・3・10 判地 283 号 103 頁

POINT　前々回から検討している通損補償には、土地の取得等に伴う《物件の移転》によって生じる損失に対する補償と並んで、農業、漁業、工業・商業等の営業、その他の《経営の移転》によって通常生じる損失に対する補償が含まれる。このうち、本節では、漁業の廃止によって生じる損失の補償が問題になった場合のうち、権利対価補償も含めて問題になった例として、市営食肉センター（と畜場）の新設に伴う漁業の廃止に対する損失補償契約の締結が、市の裁量権を逸脱したものとはいえないとされた事案を題材にして、漁業廃止補償の特色について検討する。

## 1. 事案の概要

### （1）本件提訴に至る経緯

　A市は、昭和 30 年頃に食肉センター（市営と畜場。以下、旧食肉センターという）を建築し、運営してきた。昭和 44 年頃から、その敷地および建物が狭隘であること、周囲が住宅地であるために環境上問題があること等から、これを移転して新施設を整備すべきであるということがA市議会で繰り返し議論されるようになり、A市の懸案となっていた。A市は、平成 2 年 3 月、A市内所在の土地（以下、本件土地という）を新食肉センターの建設予定地として取得した。新食肉センターは、操業を開始した場合、1 日当たり最大 250㎥、平均 175㎥の

汚水（し尿、生産排水、生活排水等）を処理した後の排水（以下、本件排出水という）を本件土地先の海面に放流することを予定していた。

一方、B漁業協同組合（以下、B漁協という）の組合員は、本件土地の東方を流れる河川の川尻に所在するB漁協の唯一の漁場（以下、本件漁場という）で、B漁協がもつ漁業権に基づき、のり養殖業（第1種区画漁業）とあさり養殖業（第3種区画漁業）を営んでいた。B漁協組合員の多くは、本件漁場で採取したのり等を、中央卸売市場を通さず、個人消費者の家庭を回るなどして直接に販売していた。本件漁場は、新食肉センターが本件排出水の放流を予定している排出口から約150mの距離に位置していた（【図表4－3】）。

【図表4－3】

新食肉センターと本件漁場

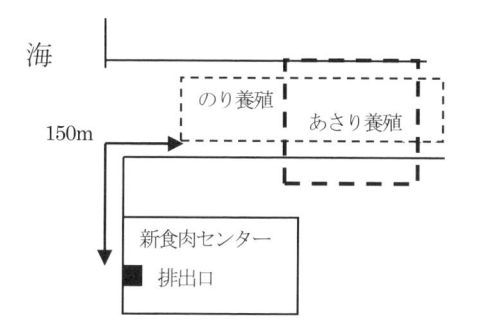

A市が本件土地の取得後も、地元の同意が得られないこと等から、新食肉センターは建設に着手する見通しすら立たなかった。しかし、Y（被告・被控訴人・上告人）の前任者であるC市長は、平成6年4月、用地取得関係の職務経験が豊富なDを環境部長に任命し、新食肉センターの建設実現に向け、建設予定地のE自治会ならびにEと構成員を

第4章　通常生ずべき損失の補償に関わる問題

ほぼ同じくするＢ漁協、および小学校区全体の連合自治会の各同意を取り付けることを命じた。Ｄは、Ｅ自治会会長、Ｂ漁協組合長らと接触したが、これらの者は①新食肉センターがいわゆる迷惑施設であること、②本件排出水が本件漁場における漁業に深刻な影響を与えること、③本件漁場で採取されたのり、あさり等が本件排出水の排出口近くで採取されたものであるという理由で消費者から購入されなくなる危惧があること、④新食肉センターがＥ地区に建設されると、Ｅ地区の淡水漁業者に対して戦前から存在していた職業的差別意識が助長される懸念があること等を理由に、新食肉センターの建設に強い反対姿勢を示した。

しかし、Ｄは、Ｅ自治会会長、Ｂ漁協組合長、関係者等に対し、新食肉センターの建設への協力依頼を継続した結果、Ｅ自治会およびＢ漁協関係者は、前記職業的差別意識の原因になっていた淡水漁業を廃業して損失補償を受けること、Ｅ地区において道路、下水道、公園等の環境整備が行われること等を条件に、新食肉センターの建設に同意する方針に転換する姿勢を示すに至った。そして、Ｙが市長に就任後の平成７年夏頃、ＤおよびＢ漁協の間で、Ａ市がＢ漁協に対し損失補償として５億5,000万円を支払うことにより、Ｂ漁協が新食肉センターの建設に同意し、協力する旨の事実上の合意が成立した。

損失補償額５億5,000万円はＢ漁協からＡ市に提示された金額であるが、Ａ市でもＢ漁協の過去の平均的漁獲額に基づいて漁業権を消滅させる場合の損失補償額を試算したところ、５億5,138万4,970円と算出された[151]。そこで、Ａ市はＢ漁協の提示額を妥当な金額と認め、

---

151) ＹによればこのＡ市衛生課によってつぎのように算出された。①漁業権の消滅に関する補償は、黒のり、青のり、あさりの漁獲高は、農林水産省中国四国農政局香川統計情報事務所によるＢ漁協の調査結果に基づき、平成元年から平成５年までの年間漁獲額の平均値（ただし、黒のりについては平成３年分を除く４年分の平均値）を平均年間漁獲額として採用し、建干網等（一本釣り等）

損失補償金の支出に向け、平成8年度食肉センター事業特別会計の予算案として6億9,000万円を計上し、同予算案は平成8年3月開会の市議会で可決された。

B漁協から新食肉センターの建設への同意が得られる見通しが付いたとみたA市は、平成7年8月頃から都市計画課および衛生課の担当者を通じ、県土木部都市計画課の担当者との間で、新食肉センターの建設に係る都市計画決定に関する協議に入った。その際、県は、A市に対し、新食肉センターから500m以内の周辺地域の住民の同意を得ておくよう行政指導をした。そこで、A市は、Yの決裁を経て、平成8年12月24日、B漁協の組合員65名全員との間で、以下の点を主な内容とする覚書を取り交わした。

①組合員は、A市が新食肉センターを建設し、本件排出水を本件土地先の海面に放流することに同意する。

②組合員は、本件漁場に係る漁業権、その他の漁業に関する一切の権利を損失補償契約締結の日から放棄し、平成9年3月31日を目途に漁業を廃止し、B漁協を解散する。

③A市は、B漁協の組合員が漁業に関する一切の権利を放棄し、漁

---

の漁獲額はB漁協組合員からの聞取りによる額を採用し、平均年間経営費については、純収益率を用いることにし、過去の事例（昭和54年頃の市東部下水処理場建設に伴うM漁業協同組合への消滅補償）を参考にして、各魚種ごとに50～60％の収益率を設定し、これを平均年間漁獲額に乗じて純収益を算出し、さらに年利率8％（公共用地の取得に伴う損失補償基準細則〔以下、細則という〕第7・4項）で除し、漁場依存度率（黒のり100％、青のり40％、あさり60％、建干網等100％）および依存度率（100％）を乗じて算出した。②所得に関する損失補償（転業補償）は、同様に求めた各魚種ごとの平均年間漁獲額に、過去の事例（①と同じ）を参考に、各魚種の実情を勘案して設定した所得率70～80％および廃止率（①の漁場依存度率と同じ）を乗じて所得相当額を計算し、転業期間2～4年を乗じることによって算出した。③資本に関する損失補償は、漁具等の売却損として500万円を計上した（なお、収益率や所得率を定める上で参考にされた先例の内容や合理性、資本に対する損失補償額のそれ以上の根拠は明らかでない）。

業を廃止すること、およびB漁協の解散に伴って組合員が受ける一切の漁業損失の補償金として5億5,000万円（以下、本件漁業補償金という）を組合員に支払う。

それに基づき、A市は、平成8年12月27日、前記損失補償金のうちの2億円を支払った。その後、A市は、新食肉センターの建設に係る都市計画決定について県知事の承認を取得し、Yの決裁を経て、平成9年3月30日、B漁協の組合員65名全員と、前記覚書の内容に沿った漁業損失補償に関する契約（以下、本件漁業補償契約という）を締結し、同月31日、残金3億5,000万円を支払った。

本件漁業補償契約の締結に先立ち、A市が実施した新食肉センターの建設に伴う環境影響調査に基づく環境影響調査報告書（平成11年8月）は、本件排出水による周辺海域への影響は軽微で、周辺海域の水質が悪化することはないとしていた。また、本件排出水は、公共下水道の整備後は公共下水道に放流することが予定されていた。しかし、これらの事実は、本件漁業補償契約の交渉・締結過程において、A市からB漁協には伝えられなかった。新食肉センターは平成10年1月に着工され、平成11年3月竣工、11月から操業を開始した。

A市住民であるX（原告、控訴人、被上告人）は、本件漁業補償契約に基づく本件漁業補償金の支払が、B漁協組合員らに損失が生じていないにもかかわらず行われ、必要性を欠くものであり、当時市長職にあったYは誠実執行義務（地方自治法138条の2）に違反したと主張し、地方自治法（平成14年法律4号による改正前のもの）242条の2・1項4号に基づき、A市に代位してYに対し、前記損失補償金に当たる5億5,000万円の損害賠償金およびこれに対する平成9年7月31日（訴状送達日の翌日）から年5分の割合による遅延損害金の支払を求めた。

## (2) 第1審判決

　第1審判決はXの請求を棄却した[152]。すなわち、新食肉センターの有用性、早期建設の必要性、本件用地の適地性、B漁協の同意を得る行政上の必要性が認められる上、本件漁場の風評被害の発生が推認され、漁業権の消滅補償に代わる影響補償の方が本件漁業補償金を下回るともいえないこと、その補償金額が過大であるとまではいえないこと、その他本件に現れた諸般の事情を考慮すると、Yがした本件漁業補償契約締結行為が違法であると解することはできず、それに基づく本件補償金の支出も違法とはいえない。

## (3) 第2審判決

　ところが、第2審判決は第1審判決を取り消し、Xの請求を一部認容した[153]。

　①地方公共団体が事前の損失補償契約を締結し、公金から補償金を支出するためには、損害ないし損失の発生が相当程度の蓋然性をもって予測されることが必要である。

　②しかし、本件排出水により、本件漁場での漁業継続が著しく困難になるほどの重大な影響が生じることが相当の蓋然性をもって予測されるとはいえず、漁業権の消滅請求をするに足る直接被害の発生の蓋然性は肯定し難い。

　また、本件排出水によって発生が予測される風評被害も、いわゆる迷惑施設である新食肉センター付近で取れたのり等であるという消費者の抽象的嫌悪感、イメージの低下によるものにとどまり、本件漁場での漁業継続が不能ないし著しく困難で、B漁協組合員が廃業せざる

---

152) ★高松地判平成12・8・7判タ1177号170頁、判地247号104頁。
153) ★高松高判平成15・2・27判タ1177号160頁、判地247号93頁。評釈として、加藤2004:106頁。

第4章　通常生ずべき損失の補償に関わる問題

を得なくなると相当程度の蓋然性をもって予測されるとはいえない。

　③A市担当者は、B漁協が漁業権の消滅補償を条件に新食肉センターの建設に同意する方針に転換する姿勢を示し、そのために譲れない金額として5億5,000万円を要求したのに対し、積算根拠資料等も求めず、合理性が明らかでない収益率、所得率等を用いて補償額を試算し、要求額を僅かに上回る金額を選定して予算積算資料とする一方、周辺海域の水質悪化はないとの環境影響調査結果が出る前から消滅補償を当然の前提としてB漁協と交渉を行い、同調査結果が出た後もB漁協側に伝えることなく、本件漁業補償契約を締結した。そうした点に鑑みると、A市担当者は、本件排出水による本件漁場での漁業損失発生の蓋然性まではないことを認識しながら、あるいは少なくともこの蓋然性の問題は等閑視して、B漁協の要求に応じるという政策的判断をし、Yもこの判断を追認したと推認される。

　④しかし、漁業補償契約はあくまでも将来発生する漁業損失を補償するものであるから、将来の漁業継続が不能ないし著しく困難になる蓋然性が認められない場合にまで、裁量的に消滅補償を行うことは適法とはいえない。また、職業的差別意識の解消自体は望ましいが、それは別途の対策をもって行うべきであり、漁業権の消滅補償を適法にする根拠とはならない。

　⑤Xの本訴請求は、5億5,000万円および内金2億円に対しては訴状送達日の翌日（平成9年7月13日）から、内金3億5,000万円に対しては請求を追加した訴えの変更申立書送達日の翌日（平成9年12月23日）から、各支払済みまで民法所定の年5分の割合による遅延損害金の支払を求める限度で理由がある。

## 2. 最高裁の判断

　しかし、最高裁は以下のように述べて原判決を取り消し、Ｘの請求を棄却した（破棄・自判）[154]。
　Ａ市は新食肉センター建設予定地のＥ自治会と構成員をほぼ同じくするＢ漁協ないしその組合員の同意を得るために漁業権の消滅を前提とする損失補償をするに至ったことは明らかである。そうした同意を得ることは法律上の要件ではないが、Ａ市がその同意を得て新食肉センターの建設を進めるかどうかはＡ市の裁量的判断に属し、本件漁業補償契約の締結もＡ市の裁量権の範囲を逸脱したものということはできず、同契約に基づく本件漁業補償金の支出は違法な公金支出とはいえない。その理由として、以下の点が挙げられる。
　①Ａ市では新食肉センターの建設が積年の課題とされてきたが、本件土地取得後も地元の同意が得られないことが主たる理由で、建設着手の見通しが立たない状況にあった。
　②Ｂ漁協は本件排出水が漁業に深刻な影響を与えること等を理由として新食肉センター建設に強く反対し、市が本件漁場での漁業権を消滅させることを前提とする損失補償をしなければ、新食肉センター建設への同意を得ることは困難であった。Ａ市担当者が本件排出水によって周辺海域の水質悪化はないとの環境影響調査の結果や本件排出水が将来的に公共下水道に放流される予定であったことを伝えていなかったとしても、Ａ市とＢ漁協の交渉経緯等に鑑みれば、仮にこれらの事実が伝えられていたとしても、漁業権消滅を前提とした損失補償なしにＢ漁協・同組合員の同意を得ることができたとは考え難い。

---

154) ★最判平成18・3・10判地283号103頁。本判決の評釈として、村上2007:85頁参照。

③新食肉センターの操業が開始された場合、本件漁場で採取されたのり等は、その排水口近くで採取されたという理由で消費者から購入されなくなる風評被害が発生するおそれは否定できず、その風評被害がB漁協組合員の本件漁場での漁業継続を困難とする程度のものに至る可能性がないとはいえない。

④A市は県から、新食肉センターの周辺地域の住民の同意を得ておくように行政指導を受けていた。

⑤本件漁業補償額5億5,000万円はB漁協から提示された金額であるが、A市としてもB漁協の過去の平均的漁獲額に基づいて漁業権を消滅させる場合の補償額を試算し、同提示額を妥当な金額と認めた。

⑥本件漁業補償は、執行機関の判断のみで行ったものではなく、予算の議決を通じて議会の承認を得ている。

## 3. 考察

### (1) 漁業権に対する損失補償ルール

漁業権には定置漁業権、区画漁業権、共同漁業権があり（漁業法6条）、都道府県知事の免許によって設定される（漁業法10条）。漁業権は物権とみなされ、土地に関する規定が準用される（漁業法23条1項）。かかる漁業権が収用・買収の対象となる権利であることに争いはない。もっとも、漁業権は、損失補償法令上は、地上権・永小作権・賃借権・使用借権等土地そのものを利用する権利としてではなく、建物・土砂砂れき・鉱業権等と共に、土地に定着等する物に対する権利として捉えられていることに留意する必要がある（公共用地の取得に伴う損失補償基準要綱〔以下、要綱という〕14条・17条・22条、土地収用法〔以下、収用という〕5条3項）。

漁業権が収用・買収の対象となる場合の被補償者たる権利者（要綱

2条4項・4条、収用8条3項・68条）が誰であるかは議論がある。すなわち、（a）漁業協同組合または同連合会が権利者であり、個々の組合員は起業者に対して直接に損失補償請求権をもたないとみる見解[155]、（b）組合員に補償すべきであるとの見解、（c）漁業権を消滅させ、または制限する場合は組合に、漁業減収のみの補償（影響補償）の場合は組合員に補償すべきとの見解がある。実務上は、組合員全員の委任または組合総会の特別決議（水産業協同組合法50条）を得たうえで、組合代表者と起業者の間で損失補償契約が締結される[156]。ちょうど入会権の場合に入会地の管理・処分権は入会団体に、その使用・収益権は個々の入会権者に帰属する関係と類似しており、漁業権それ自体の消滅や制限に関する事項は組合の権限であるから、組合を相手方とすべきで、（a）説が妥当である。

漁業権の補償については、（ア）漁業権を消滅または制限する場合における漁業権そのものの全部または一部の対価、および（イ）漁業権の消滅または制限に伴って通常生じる損失の補償が問題になる。

 （ア）漁業権の権利対価補償は、「当該権利を行使することによって得られる収益」＝「漁業粗収入から漁業経営費（自家労働の評価額を含む）を控除した額」を資本還元した額を基準に、当該権利に係る水産資源の将来性等を考慮して算定した額をもって補償するものとされる（要綱17条・22条、収用71条、細目9条・14条）[157]。

---

155) ★熊本県収用委員会裁決昭和35・6・16、高知県収用委員会和解調書作成昭和57・5・23、松山地判八幡支判昭和63・5・18判時1292号139頁（なお、★最判平成4・7・13判時1323号60頁も参照）、小澤2012a:176-178頁。なお、この見解は、漁業の免許または設定行為の当事者は漁業協同組合または漁業協同組合連合会であるが、個々の組合員にも漁業法上漁業を営む権利が保障されており（漁業法8条1項）、それが不法行為上の被侵害権利として、損害賠償請求の対象となる（★熊本地判昭和52・2・28判時875号90頁、大阪地判昭和58・5・30判時1097号81頁）ことを否定するものではない。
156) 小澤2012a:177頁。

しかし、この算定の基礎となる漁業粗収入を客観的・絶対的に把握することは極めて困難で、実際には他の漁業補償の事例に照らした相場に影響されて決められることが多く、算定が過大になりがちであるとの批判もある[158]。

（イ）漁業権の消滅または制限によって通常生じる損失の補償のうち、①「通常漁業の継続が不能となると認められるとき」は、1）資本・労働力の価値喪失分、および2）転業期間中の予想所得・収益相当額の補償（漁業廃止補償）が、②「通常漁業を一時休止する必要があると認められるとき」は、1）休止期間中の固定的経費等、および2）予想所得・収益額の補償（漁業休止補償）が、③「通常漁業の経営規模を縮小しなければならないと認められるとき」は、1）資本・労働力の過剰化・遊休化、および2）経営効率の客観的低下によって通常生じる損失額の補償（漁業規模縮小補償）が、それぞれ認められる[159]。これらは、経営財産に生じる積極的および消極的損失の補償とみることができる[160]。

## （2）本判決の特色と問題点

本判決の事案も、漁業権の消滅に対する権利対価補償（前述3（1）（ア））および通損補償（前述3（1）（イ）①）の双方につき、算定の困難さという漁業権一般に共通する課題を抱えている。

---

157) さらに、基準20条・27条、細則第7・第14、国交21条・29条、運用第9・第15参照。
158) 小澤2012b:105-106頁、村上2007:88頁および同所引用文献参照。
159) 要綱38条～40条、基準50条～52条、細則第33～第35、国交54条～56条、運用第40～第42、細目20条～22条。公共用地補償研究会2013b:167-172頁参照。
160) 松尾2011:113-114頁。

それに加えて本事案は、本件漁場における漁業が公有水面埋立てによって継続不能となって消滅する場合と異なり、起業地たる本件土地上の建物・設備からの本件排出水の影響を理由に漁業権を消滅させるものであることに注意する必要がある。Ｂ漁協に対する補償が影響補償か消滅補償かをめぐり、ＸＹ間で第１審から論争された理由の一端はここにある。

　本判決に対しては、判旨で挙げられた理由（前述２①～⑥）を逐一批判し、原判決を擁護する立場もある[161]。とりわけ、Ａ市にとってＢ漁協・組合員の同意を得ること、およびそのために漁業権の放棄を前提に漁業権の消滅補償をしたことが、Ａ市の裁量権の範囲内といえるか否かが問題である。

　この点につき、（ａ）裁量権の範囲内と解した本判決は、①新食肉センターの建設が長年Ａ市の懸案であり、②それを解決するためには地元Ｅ自治会・Ｂ漁協・組合員の同意が不可欠であり、③その同意を得るためには新食肉センターの操業開始の直接的影響や風評被害に鑑みて漁業権の消滅補償をする必要性が高く、また、④②の同意獲得は県の行政指導でもあったことを根拠としている。なお、損失補償額の妥当性については、⑤Ａ市も独自に損失補償法令（前述３（１）参照）に照らして算定し、Ｂ漁協の要求額をやや上回ったこと、および⑥議会も予算議決を通じて承認していることに依拠している。

　これに対し、（ｂ）Ａ市裁量権の範囲を逸脱しているとした原判決を支持する見解は、（ａ）説によるならば、行政（執行機関）の政策的決定に対する司法審査の範囲が限定されてしまい、行政の判断を追認する結果となりがちで、行政の判断過程に対する司法コントロールが十分に発揮できない点を懸念する[162]。

---

161) 村上 2007:87-89頁。
162) 村上 2007:87-89頁。それは、判旨の理由⑥に関し、たとえ行政庁の判断に対

たしかに、本判決の論理には曖昧な点がある。とくに本件漁場の公有水面埋立てでないにもかかわらず、漁業権の消滅補償が適切であるとみることの客観的根拠は明確でない。この点で、(b)説は傾聴に値する指摘を含む。もっとも、前記(a)説②の同意獲得の必要性、ひいては同①の公共施設建設の必要性の背景は事案によってきわめて多様である。B漁協組合員に対する職業的差別意識の解消の要請も含め、行政庁による政策目的実現のための手段として損失補償を戦略的に用いることが、どこまで許容されるかが、問題の核心にある。

---

する議会の承認があっても、行政庁の判断が裁量権の範囲を逸脱している可能性があることの指摘も含む。★最大判昭和37・3・7民集16巻3号445頁。

# 第5章

## 生活再建補償に関わる問題

## ⑬ 生活再建措置の法的性質と損失補償法上の位置づけ

岐阜地判昭和55・2・25行集31巻2号184頁

**POINT** 　損失補償の具体的内容について、第3章では①買収・収用の対象となる財産権の対価の補償（権利対価補償）について、第4章では②買収・収用によって通常生じる費用の補償（通損補償）について、関連する裁判例を検討してきた。これら2つの補償は、憲法29条3項に基づく損失補償の構成要素として、疑いのないものである。これに対し、本章は、損失補償の第3の柱として、その内容や法的位置づけをめぐってなお議論がある③生活再建に必要な費用の補償（生活再建補償）につき、関連する事例を検討する。生活再建は、土地等の買収・収用に伴う生計の移転等によって生じるべき損失を回復するものとして、同じく物件の移転や農業・その他の経営の移転等によって生じるべき損失の回復を目的とする通損補償と密接な関連性をもつといえる。

　まず、本節では、法令上の生活再建措置の法的性質が問題になった事例（徳山ダム建設差止請求事件）を取り上げる。これを題材にして、生活再建措置の意義、その法的性質と法体系上の位置づけ、とくに憲法29条3項との関係について検討する。

## 1. 事案の概要

### （1）事件の経緯

　$X_1$・$X_2$・$X_3$（原告。以下、Xらという）のうち、$X_1$は岐阜県揖斐郡徳山村に土地を所有し、妻子孫5人とともに同村内の住所地に居

住して飲食業を営んでいた。$X_2$は同村内で家屋を賃借し、妻子3人とともに同村内の住所地に居住して農業を営んでいた。$X_3$は同村内に土地を所有し、妻子3人とともに同村内の住所地に居住して農業を営んでいた。

Y（被告。水資源開発公団〔当時〕）は水資源開発公団法により設立され、水資源開発促進法に基づく水資源開発基本計画に従い、水資源の開発・利用事業の実施等を目的とする公団である。Yは、建設大臣（当時）の事業実施計画の認可、公示を経て、徳山村に徳山ダムを建設しようとしていた。

昭和32（1957）年、電源開発促進法に基づく電源開発計画が決定され、揖斐川が電源開発株式会社の調査河川に指定され、同社が調査に着手した。昭和45（1970）年、多目的ダム建設計画が発表され、翌昭和46（1971）年には建設省（当時。以下同じ）が揖斐川町に徳山ダム調査事務所を設置し、実施調査を開始した。昭和48（1973）年4月、徳山ダム建設事業が建設省からYに仮継承された。昭和49（1974）年6月、建設大臣は河川法56条に基づいて徳山ダム水没予定地を河川予定地に指定し、昭和51（1976）年9月、「徳山ダム建設事業に関する事業実施計画」（以下、本件計画という）を認可し、公示した（建設省告示1323号）。その後、徳山ダムは、昭和52（1977）年3月、水源地域対策特別措置法（昭和48年法律118号。以下、水特法という）2条2項による指定ダムとなった（政令34号）。こうしてYは、本件計画に基づく事業の事業主体として、岐阜県揖斐郡徳山村・藤橋村の村境の揖斐川本流に、ロックフィル型式のダム（堤高161 m）、総貯水量6.6億㎥、水没面積約13k㎡（徳山村8部落中7部落、約470世帯が水没）の建設事業（以下、本件建設事業という）を実施しようとしていた。

第5章　生活再建補償に関わる問題

## （2）原告の主張

　Xらは、以下の理由に基づき、Yは「建設大臣が昭和51年9月28日付けで認可し、同月30日付け建設省告示第1323号によって公示した『徳山ダム建設事業に関する事業実施計画』に基づく徳山ダム建設の一切の行為をしてはならない」との請求をした（【図表5-1】）。問題は、その請求原因となりうる法的根拠である。それは、以下の3点に集約される。

**【図表5-1】**
ダム建設事業の差止請求

$X_1$・$X_3$（土地所有者）
$X_2$（建物賃借人）　　　　　　　　　　　　　Y（水資源公団〔当時〕）
　　　　　　　　　　本件ダム建設事業の差止請求 →

　（ア）人格権および環境権の侵害

　　　本件建設事業により、Xらは人格権および環境権に対して回復しがたい侵害を被るとした。このうち、Xらは環境権を「人間が生活環境を享受し、かつ、これを支配しうる権利」であるとし、その実定法上の根拠を、①憲法13条の幸福追求権ならびに②憲法25条の生存権に求めるとともに、③「私法的環境権」として、「明文の根拠がなくとも、社会的意識の承認」によって生成する権利であると主張した。それは、自然環境（Xらが現に享受している自然動植物および景観）、社会環境（各種の社会施設および社会組織）、および文化環境（Xらが祖先から受け継ぎ、子孫に伝えるべき年中行事、衣食住に関する独特の生活の知恵、村人間の相互扶助、民族芸能・民謡・伝説・昔話等の独特の習俗からなる文化的遺産）を内容とする。本件建設事業により、これらの環境権の客体は全て破壊され、喪

失される。

(イ) 財産権の侵害

　本件建設事業により、Xらは土地・家屋の所有権（$X_1$・$X_3$）または家屋の賃借権（$X_2$）を喪失する。これに対してYが提示する損失補償基準に基づく補償額は低い。加えて、Yは水特法8条に基づき、ダム建設によって生活の基礎を失う者に対する生活再建のためのあっせん等の適切な措置を講ずべき義務があり、それは憲法29条3項にいう正当な補償に含まれるにもかかわらず、Yは同あっせんの措置を講じようとしない。その結果、Xらの生活再建は不可能であり、憲法29条が保障する正当な補償なくして財産権が喪失され、Xらは回復しがたい損害を被る。

(ウ) 違法な公権力の行使

　Yによる徳山ダム建設行為は、行政庁の公権力の行使に当たり、かつ違法なものであって許されるものではないから、その差止めを請求できる。Yによる公権力の行使が違法となる根拠は、以下の2点である。

　①水特法8条は、つぎのように規定する。

　「関係行政機関の長、関係地方公共団体、指定ダム等を建設する者及び整備事業を実施する者は、指定ダム等の建設又は整備事業の実施に伴い生活の基礎を失うこととなる者について、次に掲げる生活再建のための措置が実施されることを必要とするときは、その者の申出に基づき、協力して、当該生活再建のための措置のあつせんに努めるものとする。

　1　宅地、開発して農地とすることが適当な土地その他の土地の取得に関すること。

2　住宅、店舗その他の建物の取得に関すること。
　　3　職業の紹介、指導又は訓練に関すること。
　　4　他に適当な土地がなかつたため環境が著しく不良な土地に住居を移した場合における環境の整備に関すること」。
　Xらは、本規定に基づき、本件建設事業によって水没しない徳山村内の門入地区に移住して生活を再建したいと考え、昭和49（1974）年6月、Yに「徳山ダム実施調査に関する申入書」と題する文書を提出し、徳山村に従来どおり居住することを希望する者に対して生活再建のための措置が実施される必要があるとして、環境整備の各措置の申出をした。しかし、Yは昭和52（1977）年3月、徳山村内での集落再編成の措置は必要がない旨を表明した。そのようにして、Yが何らの措置も講じないのは違法である。
　②前記水特法8条の生活再建措置は、憲法29条に規定する「補償」の内容に該当し、この措置を怠ることは憲法29条に違反する。

## （3）被告の反論

　これに対し、Yは以下のように反論した。
（ア）人格権および環境権の侵害を理由とする差止請求について
　　①行政処分等が違法であるというためには、「法の定める要件や手続に違反して客観的に違法性を帯びる」に至ったものでなければならず、「かりに環境権が法的な権利として認められるとしても、単なる環境権等の侵害の主張は〔行政処分等の違法性をいう根拠としては〕それ自体理由がない」[163]。
　　②ダムの建設により、その水源地域がその生活環境等の基礎条件に多かれ少なかれ影響を受けるのは「当然のこと」で、「この

---

163) 引用中の〔　〕内は、筆者による補充である（以下、同じ）。

ような影響、変化は法が当然に予定している」。

（イ）水特法8条違反の主張について

①水特法8条が規定する生活再建措置のあっせんは、ダム建設によって生活基盤を失う個々の者に対し、その具体的事情に応じてされるべきもので、各号列記の諸措置（特に3号、4号）[164]の内容からも窺われるように、ダム建設自体の進捗状況とは別個に切り離して考慮されるべき性質のものであり、法令上ダム建設工事の事前措置ではないし、同工事の完成までに完了すべきものともされていない。したがって、水特法8条を根拠にしてダム建設工事自体の差止めを請求することはできない。

②水特法8条に基づく生活再建措置のあっせんの努力義務（以下、水特法8条所定の義務という）は、土地の取得から職業訓練、移住先の環境整備に至るまで広範囲かつ多岐にわたる包括的なものであり、一機関のみでは果たしえず、関係行政機関の長、関係地方公共団体および指定ダム等を建設する者等に対する「行政的な責務」を定めたもので、「法律上の義務」ではない。したがって、その義務違反をもってその違法を訴求し、ダム建設の差止めを求めることはできない。

③以上から、水特法8条所定の義務がすべて履行されていないとしても、それを理由にダムの建設工事を差し止めることはできない[165]。

---

164) 前記1（2）（ウ）①における水特法8条の引用参照。
165) なお、Yは、Xらが昭和49（1974）年6月にYに対して提出した「徳山ダム実施調査に関する申入書」と題する文書は、「単なる一般的要望」であり、水特法8条に基づく申出ではない。YとしてはXらから具体的な申出があれば、生活再建のための措置のあっせんに努めることにやぶさかではない。また、現に徳山ダム建設に伴って生活の基礎を失う者に対しては、具体的にあっせんを実際にし

第5章　生活再建補償に関わる問題

(ウ) 憲法29条違反の主張について

　　水特法8条所定の義務は、財産権に対する損失の補償によってカバーできない部分を補完するものであり、「あくまでも補償そのものとは別個のもの」である。したがって、それはXらのいうように憲法29条3項にいう正当な補償の内容には当たらず、「関係住民の福祉、サービスのため、補償とは別個に、これを補完する意味において採られる行政措置」である[166]。

　　また、水特法8条による生活再建措置のあっせんを（告知、聴問等のような）事前手続またはダム建設事業の前提手続と捉えることもできず、時期的関連もない以上、憲法29条違反ということもありえない。

## 2. 裁判所の判断

### (1) 行政庁に対して一定の不作為を求める給付訴訟の可否

　岐阜地方裁判所は、Xらの訴えを「徳山ダム建設によりXらがその主張する環境権、人格権、財産権を侵害されるとし、右ダム建設に関し、水特法8条違反、憲法29条違反ないしは前記の諸権利の侵害それ自体を違法として、行政庁たるYに対し、いわゆる無名抗告訴訟として、徳山ダム建設事業の差止を求めるものであることは、Xらの主張自体に徴して明らかである」と解したうえで、Xらの訴えを不適法として却下した[167]。理由は以下のとおりである。

　本件ダム建設事業が行政事件訴訟法3条2項にいう公権力の行使に

---

　　　ているとの反論もしている。
166)　なお、Yは、Xらは損失補償基準が低すぎる旨を主張するが、現段階では補償額はまだ確定していないこと、また、補償額が適正か否かはダム建設工事自体の適法性とは別個の問題として判断されるべきであるとの反論もしている。
167)　★岐阜地判昭和55・2・25行集31巻2号184頁（第1審で確定）。本判決

当たるかはしばらく措き、「行政庁に対し、一定の不作為を求める給付訴訟は、裁判所に対し行政庁に代つて不作為処分を求める結果となるから三権分立の原則に反し、原則的には許されない」。

ただし、①行政庁が将来行うことが明白確実な処分について、行政庁の第一次的判断権を侵害せず、②当該差止めを認めないと「回復しがたい損害」が生じる恐れがあり、かつ、③原告の損害につき、他に適切な救済方法もない場合は、かかる訴訟が認められる場合もありうる。そこで、Ｘらが徳山ダム建設により、「いわゆる環境権、人格権、財産権を侵害され、回復しがたい損害を被る」といえるかどうかについて判断する。

### （2）環境権および人格権の主張について

(ア) 環境権なるものは「未だ実定法上の規定によつて認められた権利でないことはいうまでもない」。また、Ｘらの主張する一定地域の自然環境破壊の内容自体を検討しても、地域住民としてその侵害の差止めを請求しうる住民自身の「具体的な権利」としてこれを承認すべき何らの根拠も見出しえない。「Ｘらは、環境権の根拠として環境侵害につき、るる述べているが、当裁判所はこれを採用しない」。したがって、Ｘらの環境権の侵害を理由とする回復しがたい損害があるとは認められない。

(イ) Ｘらは、徳山ダム建設によって人格権を侵害されるというが、同ダム建設によってＸらの生命、身体の侵害、その他健康上の被害を被ること等については何ら主張・立証がないから、この点に関する主張も採用できない。

---

については、大江1981:165頁、木村1989:226頁、澤野1973:27頁、鈴木1981:216頁、保木本1981:44頁参照。

### （3）水特法8条違反による憲法29条3項違反の主張について

　水特法8条所定の義務は「生活再建措置の申出があつたときは、可及的速かにあつせん措置に出るのが望ましい…行政上の努力義務」であり、「関係住民の福祉のため、補償とは別個に、これを補完する意味において採られる行政措置」を義務づけるにすぎないから、「憲法29条にいう正当な補償を実現すべきための法律上の義務を規定したものではない」。つまり、水特法8条に基づく生活再建措置のあっせんは「憲法29条3項にいう正当な補償には含まれず、したがつて、これが懈怠による何らかの損害を観念し得るとしても、それをもつて、憲法29条違反による損害といえず、無名抗告訴訟として本件ダム建設行為差止の根拠となし得ない」。

　また、仮に生活再建措置のあっせんに関する行政上の努力義務懈怠によってXらに「何らかの損害」が考えられるとしても、同あっせん行為はダム建設自体とは別の場で考慮されるべきものであるから、かかる損害は、本件ダム建設行為を差し止めなければ回復できない損害というには当たらない。

### （4）回復しがたい損害の不存在

　以上によれば、Xらは徳山ダム建設によって「回復しがたい損害を被るとはいいがたいから」、「いわゆる無名抗告訴訟としてこれを許容し得るに由なく、本訴は不適法と断ぜざるを得ない」。

## 3. 考 察

### （1）　原告の請求を根拠づける法的構成

　Xらの請求を根拠づける法的構成には、やや曖昧な二面性があるように思われる。すなわち、一方で、Xらは、私法上のいわゆる絶対権

の侵害を理由に不作為の給付請求権があると主張し、それを訴求しているかのように解される面がある。すなわち、人格権もしくは環境権に基づく差止請求、または財産権に基づく（物権的請求権としての）妨害予防請求の法理に立脚しているかに解しうる部分である[168]。例えば、Xらは、その請求の根拠とする環境権について、「明文の根拠がなくとも、社会的意識の承認」によって生成する権利としての「私法的環境権」であると主張している[169]。

他方で、Xらは、Yの公権力の行使が違法であることを理由に差止請求をしている。それが、（a）不法行為を理由とする損害賠償（金銭賠償が原則。民法722条1項）の例外として、侵害行為の態様および被侵害利益の性質を相関的に考慮し、受忍限度を超える違法性のある侵害に対しては差止請求を認める法理（その訴求は民事訴訟手続に属する）[170]に立脚するものか、（b）違法な公権力の行使に対する行政事件訴訟法上の抗告訴訟を提起するものか、必ずしも明確ではないように思われる[171]。

かかるXらの請求に対し、本判決は、「本訴は、徳山ダム建設により原告らがその主張する環境権、人格権、財産権を侵害されるとし、右ダム建設に関し、水特法8条違反、憲法29条違反ないしは前記の諸権利の侵害それ自体を違法として、行政庁たるYに対し、いわゆる無名抗告訴訟として、徳山ダム建設事業の差止を求めるものであることは、Xらの主張自体に徴して明らかである」と解した[172]。

---

168) 前述1（2）（ア）・（イ）。公共事業における民事的手法の利用可能性を肯定する見解につき、保木本1981:47頁参照。
169) 前述1（2）（ア）。
170) 不法行為の効果としての差止請求の可否および法的構成に関しては、松尾2010:460頁参照。
171) 原告が主張する被侵害法益が権利として未公認であるときは、行政訴訟を選択した方が救済目的を達成しやすいとの見解がある。保木本1981b:47頁。
172) 前述2（1）。

## 第5章 生活再建補償に関わる問題

　もっとも、行政庁の行為に対し、権利侵害を主張する者が、どのような法的手続によって救済を受けることができるかについては、法理が確立しているとはいいがたい[173]。また、本判決が下された当時は、行政庁の行為に対する民事訴訟の限界を提示した、大阪国際空港夜間飛行禁止等請求事件の最高裁（大法廷）判決が出される前であったことにも留意する必要がある。同事件で最高裁は、行政庁の行為のうち、もっぱら財産的価値の客体たる施設の所有権に基づく管理権能（営造物管理権）のような、公権力の行使をその本質的内容としない非権力的な権能の行使については、民事訴訟が認められることを示唆する一方で、公権力の行使を本質的内容とする行政権そのもの、またはそれと不可分一体的に行使される権限の行使に関しては、その差止請求（不作為の給付請求）は不可避的に行政権の行使の取消し、変更またはその発動を求める請求を包含することから、「行政訴訟の方法により何らかの請求をすることができるかどうかはともかくとして、…いわゆる通常の民事上の請求として…私法上の給付請求権を有するとの主張の成立すべきいわれはない」と判断し、人格権および環境権に基づく原告の請求を不適法として却下した[174]。

　本判決も、前記の最高裁（大法廷）判決と同様に、行政庁の公権力の行使に対しては、通常の民事訴訟によっては救済を求めることができないと解釈しているものと考えられる。しかし、私法上の救済または公法上の救済のいずれの構成をとるにせよ、実質的な焦点になるのは、Yの行為の違法性——私法上の権利侵害の違法性[175]、または公法上の公権力の行使の違法性[176]——である。

---

173) 保木本 1981:46-47 頁参照。
174) ★最大判昭和 56・12・16 民集 35 巻 10 号 1369 頁。
175) それは、人格権・環境権に基づく差止請求または財産権に基づく妨害予防請求、または不法行為に基づく原状回復請求に対する抗弁たりうる違法性阻却事由の存否に関する。

## （2）生活再建措置の法的性質と損失補償法上の位置づけ

本件では、Yの行為の違法性の判断に関しては、（ア）本件ダム建設事業が人格権または環境権の侵害に当たるか、および（イ）Yが水特法8条所定の義務を十分に履行していないとした場合、そのことが憲法29条3項の正当な補償をしないまま公共事業を遂行しようとしているといえるかが焦点になった。

このうち、（ア）については、①人格権の侵害に当たる事実はXらによって主張・立証されておらず、②環境権は実定法上認められていないという理由で、裁判所はいずれも権利の侵害を否定し、それゆえに、Yによる本件ダム建設事業の違法性は根拠づけられないとした。

他方、（イ）については、水特法8条所定の義務は、行政上の措置を求める政策的な努力義務であり、法的義務ではなく、憲法29条3項の補償の手段でもないから、仮にYに同義務の懈怠があったとしても、やはり本件ダム建設事業の違法性を根拠づけるものではないとした。そこで、以下では（イ）についてさらに検討を加える[177]。

現行法令上は、生活再建措置、その実施のあっせんの努力義務等が定められている[178]。その法的性質については、（a）憲法25条説、（b）憲法25条・29条結合説、（c）憲法29条説、（d）立法政策上の措置説がある[179]。Yおよびその主張を基本的に認める本判決は、（d）説に立つものと解される[180]。

---

176) それは、抗告訴訟としての不作為の給付請求権の発生要件である、回復しがたい損害の有無の判断に関わる。もっとも、回復しがたい損害を要件とする点を批判する見解（行政庁の行為の違法性を発生要件と解する）として、保木本1981:46頁参照。大江1981:167-168頁も「違法な行為であれば排除することこそ、司法権に課せられた使命である」とみる。
177) 環境権の実定法上の権利性については、紙幅の関係で本稿では割愛する。その実定法上の権利性はともかく、訴訟要件レベルでは、環境利益の侵害を主張する者に原告適格を認めるべきとする見解として、大江1981:168-169頁がある。
178) 松尾2011:144頁参照。
179) 諸説につき、松尾2011:147-148頁参照。

第 5 章　生活再建補償に関わる問題

　本件評釈には、一方では、本判決と同様に（d）説に立ち、生活再建措置が不十分であることを理由に公共事業を差し止めたり、憲法29 条 3 項に基づいて生活再建措置を義務づけることはできず、生活再建措置のあっせんがされないことを理由に損害賠償請求（国家賠償法 1 条、民法 709 条）をすることも困難とみるものがある[181]。
　しかし、他方では、（c）説への理解を示し、生活再建措置への無配慮が、憲法 29 条 3 項に基づく損失補償請求、延いては公共施設建設の差止請求の根拠となりうるとする見解もある[182]。
　私見は（c）憲法 29 条 3 項説の立場を支持する。なぜなら、生活再建のための補償は、土地等の買収・収用に伴う生計の移転等によって生じるべき損失の回復を目的とするものであり、同じく物件の移転や農業・その他の経営の移転等によって生じるべき損失の回復を目的として通損補償が行われている以上、少なくともそれと同等の意味をもつということができるからである。したがって、生計回復を中心目的とする生活再建補償は、たんなる政策的措置にとどまらず、公益創生活動たる公共事業によって生じた公益の再配当的正義の実現手段として、憲法 29 条 3 項に基づく損失補償の独立項目とみるべきである[183]。

---

180) 前述 2（3）。
181) 木村 1989:227 頁（ただし、憲法 31 条の適法手続の遵守を重視する）。阿部 1984:11 頁も、生活再建措置は目下のところ損失補償ではないとみる。
182) 保木本 1981:48 頁、大江 1981:171 頁、澤野 1973:35-36 頁。すでに、遠藤 1981:1641 頁がこの可能性を示唆する。なお、鈴木 1981:222 頁も、損失補償の不十分さ（ただし、これを事業損失と解する）が差止請求に通じるとみる（本件では結論に変わりはないとする）。
183) 松尾 2011:151-152 頁。

## ⑭ 借家人に対する損失補償として借家権補償が否定された事例

東京地判平成4・11・27判地110号87頁

**POINT** 　第4章（❿～⓬節）で検討した通損補償（収用88条）には、借家人に対する補償（細目25条、要綱28条の2、基準34条、細則第18。以下、借家人補償という）も含まれる。しかし、借家人補償の法的性質をめぐっては、（a）建物（借家）の移転に伴って転出を余儀なくされる借家人が通常必要とする移転費用の補償にとどまるのか、（b）「借家権」という一種の財産権に対する補償も含むのか、あるいは、（c）借家人の生活再建に主眼があるのか等をめぐり、議論がある。本節では、借家権補償の肯否が問題になった事案を題材にして、借家人補償の捉え方について再検討する。

## 1. 事案の概要

### （1）事件の経緯

　X株式会社（原告）は一般貨物自動車運送事業を営んでいた。Y（被告。東京都）は、都市計画道路事業幹線街路環状8号線（昭和55年7月11日建設省告示1273号により、都市計画事業の認可告示。以下、本件事業という）の起業者である。Yは、本件事業に必要な土地として、A所有の土地α（宅地。実測104.21㎡）につき、権利取得の和解（収用50条）をした。その後、Aからの明渡裁決の申立てに基づき、東京都収用委員会は、平成2年3月29日付けで、明渡裁決（以下、本件裁決という）をした。本件裁決では、土地α上にあるA所有でXが賃借し

第5章　生活再建補償に関わる問題

ている建物β（木造着色亜鉛鉄板葺平家）の移転等に関連し、Xに対する損失補償額が合計939万9,320円とされ、平成2年4月18日にYがこれを供託した。その内訳は、①工作物等補償30万8,218円、②動産移転補償12万304円、③借家人補償853万8,586円、④移転雑費補償43万2,212円であった（【図表5－2①】、【図表5－2②】）。

**【図表5－2①】**

収用地αと建物βの関係

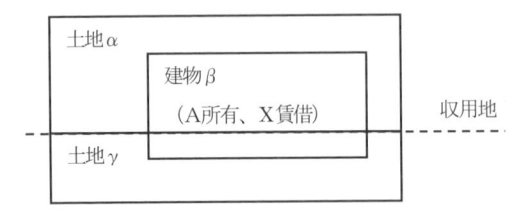

```
        土地α
    ┌───────────────┐
    │  建物β        │
    │ （A所有、X賃借）│   収用地
    ├───────────────┤
    │  土地γ        │
    └───────────────┘
```

**【図表5－2②】**

建物賃借人Xに対する損失補償額

|  | X主張 | Y主張 | 収用委員会 | 本判決 |
|---|---|---|---|---|
| ①工作物等補償 | 308,218 | 308,218 | 308,218 | 308,218 |
| ②動産移転補償 | 120,304 | 120,304 | 120,304 | 120,304 |
| ③借家人補償 | 23,538,586 | 8,538,586 | 8,538,586 | 9,187,000 |
| ④移転雑費補償 | 432,212 | 432,212 | 432,212 | 432,212 |
| ⑤合計 | 24,399,320 | 9,399,320 | 9,399,320 | 10,047,734 |

単位：円

　建物βは、土地αと土地γ（実測38.33㎡）の2筆（合計実測142.54㎡）の土地上に建築され、XはこれをAから一般貨物自動車運送事業の事

務所、車庫等に使用する目的で、賃料月額7万2,000円で賃借していた（図表5－2①参照）。

本事案では、本件裁決におけるXに対する前記補償のうち、①工作物等補償、②動産移転補償、④移転雑費補償を除いた③の補償額の額を853万8,586円とした部分が、収用88条の規定する通常受ける損失の補償として相当か否かが争われた。

(2) 原告の主張

Xは、本件裁決における裁決額を2,439万9,320円へと変更し、前記裁決額との差額に相当する1,500万円およびこれに対する前記供託後の平成2年4月19日以降支払済みに至るまで、年5分の割合による遅延損害金の支払を請求した[184]。その主張の骨子は、以下のとおりである。

  (ア) Aの賃借権の対象は、①建物β（事務所等部分34.20㎡、車両4台分の有蓋車庫部分34.50㎡）のみならず、②建物βの敷地部分を除く敷地部分（車両2台分の無蓋車庫部分41.20㎡、その他の敷地部分32.82㎡）にも及ぶ（仮にそうでないとしても、②敷地部分に使用借権の設定を受けた）。それゆえに、本件裁決によって、Xは、①建物βの賃借権のみならず、②敷地部分に対する使用権も失うから、Xに対する補償として、①建物βに照応する建物を新たに賃借するための費用に相当する移転補償に加え、②敷地の賃借権等の価格に相当する対価補償も行われるべきである。

  (イ) 仮にXが、②敷地部分を含む土地α・γについては賃借権または使用借権をもたないとしても、土地が収用されれば地上建物βの

---

184) 以下（ア）〜（エ）は、Xの主張の主要な根拠（一部は省略する）である。

借家人は事実上借家権を失う関係にあるから、Xに対しては借家権の対価補償が行われるべきである。その際、借家権価格は、契約締結（昭和 29 年 10 月 22 日）から 30 年を超える長期の固定的なものであるから、国税庁長官の通達「相続税財産評価に関する基本通達」（昭和 39 年 4 月 25 日直資 56（例規）直審（資）17。平成 3 年 12 月 18 日課評 214 課資 216（例規）によって「財産評価基本通達」に改められた。以下、評価基本通達という）31 の方式により、土地 $\alpha$・$\gamma$ の更地価格に借地権割合 60％および借家権割合 30％を乗ずる割合方式によって算定されるべきである。

　YとAの前記権利取得の和解では、土地 $\alpha$ の 1 ㎡当たりの更地価格が 125 万 8,400 円とされたから、土地 $\alpha$・$\gamma$ の 1 ㎡当たりの更地価格も同額と考えられ、これを前記算式に当てはめると、Xに対する借家人補償の金額は、3,228 万 7,020 円を下回らない。

（ウ）仮に前記主張が認められないとしても、Xが本訴で提出した不動産鑑定士B作成に係る鑑定評価書および補足鑑定評価説明書は、本件補償額を、①差額賃料還元法に基づく借家権価格、②細則第 18 の 2、18 の 4 の各但書の指数方式によって算定した額に土地 $\alpha$・$\gamma$ の排他的利用権を敷地の 15％として評価した額を加えて得た額および③評価基本通達によって算定した価格の 3 つの価格を加重平均する方法によって適正に算定し、2,890 万円になるとした。この評価の基礎となった土地 $\alpha$・$\gamma$ の 1 ㎡当たりの更地価格は、Yが本件明渡裁決事件で算定した土地 $\alpha$ の 1 ㎡当たりの更地価格より低いから、その信頼性は高く、YはXに少なくとも同価格を補償すべきである。

（エ）Yは、Xに対し、前記補償に加え、認可車庫の喪失による営業損

失の補償をすべきである。なぜなら、Xは、本件有蓋車庫および無蓋車庫（合計車両6台分）もその事業用車庫とする旨の事業計画をもって一般小型貨物自動車運送事業の免許を受け、車両80台を保有して営業を行っている。しかし、本件裁決によって、Xは、同車庫を失うことになり、本件裁決時における土地需給状況からすれば、都内で新たにこれに代わる車庫用地を確保することは不可能な状況であった。したがって、Xは、前記事業計画のうち、事業用自動車の数（貨物自動車運送法施行規則2条1項4号）につき、6台分を減ずべき旨の事業計画変更命令（同規則26条1項）を受けざるをえない。その結果、Xの昭和62年4月から平成2年3月までの事業年度における車両1台当たりの粗利益は、年平均182万519円であるから、Xは、1年間に少なくとも車両6台分合計1,092万3,114円の損失を被ることになり、本件裁決はその5年分、合計5,461万5,570円の損失補償（営業補償）も認めるべきである。

(オ) 以上のように、いずれにしても本件裁決額は過少であるから、そのうち1,500万円を加算した2,439万9,320円の補償を請求する（図表5－2②参照）。

## (3) 被告の反論

Xの主張に対し、Yは、本件裁決における③借家人補償853万8,586円は相当である、と反論した（【図表5－2②】）。その理由は、以下のとおりである。

(ア) AX間の賃貸借契約では、無蓋車庫部分の敷地につき、通常の建物賃貸借に伴う敷地の占有権以上に強力な、土地賃借権にも比すべき排他的使用権は設定されていない。Xは同敷地部分を建物の

第5章　生活再建補償に関わる問題

賃借人として通常許される範囲内で車庫として利用していたにすぎないから、同敷地部分の使用は損失補償の算定において何ら評価されず、補償対象たりえない。

(イ) 本件事業のために必要があるとして収用されたのは土地αであり、建物βは収用されていない。もっとも、建物βの所有者Aは建物βを他の場所に移転等すべきこととなるが、これによって当然にXの建物βに対する賃借権が消滅することにはならない。本件のように、建物所有者として曳家することが考えられず、土地収用によって賃借を継続することが著しく困難になる場合は、借家人に対しては対価補償ではなく移転補償をすべきである。この移転補償としては、基準34条に従い、①「あらたに当該建物に照応する他の建物を賃借りするため通常要する費用」、および②「従前の建物の賃借料とあらたに賃借りする建物について通常支払われる賃借料相当額との差額の2年分」を補償すれば足りる。その具体的算定は、比準方式により、①については、細則第18の2本文を適用して、当該地域における借家等の際に要する権利金等の一時金の額を標準とし、②については、細則第18の4本文を適用して、当該地域における同種の賃貸事例の家賃から比準して算定した額に基づいて行うべきである。

(ウ) 建物βの近傍における類似物件について昭和63年に調査した結果から得られた比準額に基づき、前記方法によってXに対する移転補償額を算定すると、合計835万9,239円となる。なお、平成元年12月時点の調査で得られた自動車2台分程度の駐車場を有する事務所・倉庫等の賃貸事例の結果により、権利金等の額および賃借料差額を算定すると、前記額よりも少ない589万5,739円

❹ 借家人に対する損失補償として借家権補償が否定された事例

であった。

（エ）建物βの面積は67.41㎡であり、そのうち24.59㎡が住宅として利用され、その余の42.82㎡は事務所・倉庫として利用されており、昭和60年2月当時、建物βおよび無蓋車庫部分が貨物運送用の車両のための車庫として使用されているという事実はなかった。したがって、Xの主張する営業上の損失は存在せず、その補償は要しない。

## 2. 裁判所の判断

### （1）本件賃借権の対象について

東京地方裁判所は、以下のように、一部認容・一部棄却の判断を下した[185]。

（ア）建物βは、昭和20年頃、土地α・γ上に建築された木造亜鉛メッキ鋼板葺平家建倉庫で、その実測床面積は67.41㎡である（Xは登記簿上の数値である69.81㎡またはXが測量した68.52㎡が建物βの実測床面積であると主張するが、それを裏付ける図面等が提出されておらず、同主張は採用できない）。建物βは、昭和29年10月22日に、当時は個人で運送業を営んでいた現Xの代表者Cが、事業用事務所として、当時の所有者D株式会社から敷金7万5,000円、家賃月5,000円で借り受け、その後Xが昭和31年に設立されて賃借人がXに変更された。賃借当初、Cは、建物βの北側部分約32.89㎡を有蓋車庫に、南側部分約32.89㎡を事務所兼住居に改造し、運送業の事務所兼車庫として使用してきた。なお、有蓋車庫部分

---

[185] ★東京地判平成4・11・27判地110号87頁。本判決の評釈として、須藤1994:86頁参照。

に収納可能な車両台数や利用実態については当事者間に争いがあるが、車庫部分に関する賃借人への補償額の算定は、収納可能な車両台数や現に車庫として使用されていたかによってではなく、建物部分の面積によって決定されるべきであるから、この点に関する争いはXに対する補償額の算定自体については重要な意味をもたない。

(イ) 他方、土地α・γは、その北側空き地部分をCが事業用車両の駐車スペースとして使用していたが、X設立に際し、昭和31年10月27日付けで、当時の東京陸運局長からXに対して一般小型貨物自動車運送業の免許が付与された。同免許申請に際し、Xから陸運局に提出された書面では、本件建物の一部（約39.2㎡）が自動車のための有蓋車庫として、前記空き地部分（約39.2㎡）が自動車のための無蓋車庫として届け出られた。さらに、昭和32年5月9日には、貨物自動車運送事業用の車両台数を5両から6両に増車する旨のXの申請をY知事が認可している。その際、前記空き地部分を33㎡、建物βの有蓋車庫部分を33㎡とし、合計66㎡の部分を事業用車庫として使用することにつき、Dが承諾している旨を証明する書面が提出された。DX間の賃貸借契約では、前記空き地部分の使用について特段の明示的合意はなされていないが、Xは、同空き地部分を無蓋車庫として使用してきた（本件収用時点における同空き地全体の面積は約40㎡であった）。

このような事実関係からすれば、Xは、土地α・γ部分の車庫としての使用については、通常の建物賃貸借によって得られる経済的利益を超える経済的利益をもっていた。しかし、土地α・γ部分の使用関係は、建物βの使用関係と極めて強い牽連性をもち、Xのような貨物運送事業者が建物βのような空き地付き建物を事

業用事務所として賃借した場合、同空き地部分を無蓋車庫として併せて使用できるのがむしろ通常である。それゆえDも、その承継人Aも、土地α・γの使用について明示的合意がなくても異議を述べず、かえってDは、Y知事に対し、前記のようにこれを積極的に承諾したと考えられる。すなわち、土地α・βの使用関係は、法的観点からは建物βの賃貸借関係に付随するもので、これから独立した土地賃貸借契約または使用賃借契約と認めることはできない。

## （2）対価補償の要否について

　このように、Xの本件賃借権の対象は建物βのみであるから、本件のように土地のみが収用される場合、当該土地上の建物所有者は、同建物を収用土地以外の場所に移転等しなければならない義務を負う。しかし、建物移転等を法律上義務付けられるからといって、それによって当該建物についての借家契約が直ちに消滅すると解すべきではない。むしろ、当該建物について採用されるべき移転工法（解体移転か曳家移転か）、再築の見込み、移転先（構内移転か構外移転か）等に鑑み、社会通念上、建物賃貸借の継続が著しく困難であると認められる場合、建物賃借人に対する補償は、当該建物からの転出に伴う経済的損失、つまり、新たに当該建物に照応する建物を賃借するために通常要する費用の補償（移転補償）をするのが相当であり、対価補償は、建物賃借人に対して土地収用によって受ける損失以上のものを補償する結果となりうるから、すべきではない。

## （3）Xに対する営業補償以外の損失補償額について

　Xに移転補償をすべき場合、その具体的内容は、基準34条および細則第18により、新たに賃借する他の建物についての権利金等の一

時金相当額および従前の建物の賃借料と新たに賃借りする場合に支払われる賃料相当額との差額の2年分程度をもって土地収用法上相当な補償というべきである。それは、本件では、918万7,000円が相当である。

これに対し、Xは、同差額が2年間分とされるのは不当に短すぎると主張する。しかし、建物賃貸人は、特約のない限り、賃料が近傍同種の建物のそれに比較して不相当となったときは賃料増額請求ができるから（借地借家法32条、旧借家法7条）、同差額は建物賃貸人が賃料増額請求権を行使しないことから与えられる恩恵的なものにすぎず、一度増額請求権が行使されればこの利益を賃借人は受けることができない性質のものである。そして、土地収用において建物賃借人に対して補償をするのは、新たに建物を借りなければならなくなって急に高い賃借料の支出を強いられる賃借人の経済的負担を緩和するためであり、補償期間を2年以内に限定することは合理性を有するから、Xの主張は採用できない。

なお、Xは、本件無蓋車庫部分について通常の建物賃貸借による利益を超える経済的利益をもっていたが、その法的意義は前述（1）（イ）のとおりで、Xに対する補償金額の算定に当たっては、そのような経済的利益は、本件のような形態で利用することのできる敷地を伴った建物を借り受けるのに通常必要とされる費用を算定して評価すれば足りる。

### (4) 営業補償の要否について

Xは、本件土地収用によって6台分の車庫を失い、一般貨物自動車運送事業の事業計画のうち車両6台分について変更命令を受けざるをえない結果となるから、それに伴う営業上の損失を補償すべきであると主張する。しかし、同車庫部分については、Xに対して前記（3）

で認定したとおりの補償がされれば、同様の車庫部分をもつ建物を新たに賃借しうる。また、すでにXは建物βから移転しており、Xに対して同変更命令がされたと認めるに足りる証拠は何ら見当たらない。

### (5) 原告に対する損失補償額

以上により、Xに対する補償額は、移転補償額918万7,000円に、当事者間に争いのないその他の補償額（前述1(1)①・②・④）を加えた1,004万7,734円とするのが相当である（【図表5－2②】)[186]。

## 3. 考 察

### (1) 建物賃借人（借家人）が賃借建物（借家）の敷地に対してもつ権利

本事案の焦点は、Xの建物賃借権（以下、借家権という）が権利対価補償の対象となるか否かである。これを肯定するXの論拠は、(a) Xの賃借権の対象が土地にも及ぶとの主張（前述1(2)(ア)）、および(b) たとえXの賃借権の対象が土地には及ばないとしても、借家権はそれ自体が独自の財産価値をもつから、土地の収用によってそれが消滅するときは対価補償を要するとの主張（前述1(2)(イ)）の2つである。まず、(a) の論拠から検討する。

建物の賃貸借契約（以下、借家契約という）により、建物賃借人（以下、借家人という）は賃借建物（以下、借家という）に対する使用・収益権を取得する（民法601条）。この場合、借家権は借家に対する利用権であり、その敷地の利用権を当然に含むものではない。借家人は借家権に基づき、借家の敷地部分を、借家契約の目的に必要な範囲で占有・

---

186) 本事案では、第1審判決が確定した。

使用できるにとどまる[187]。それは、賃借建物に付随して敷地を占有・使用する権利であるにとどまり、それゆえに、借家人の敷地利用権の範囲および内容は個々の借家契約によって異なる[188]。また、それは借家人に物権的に帰属する独立した占有権原ということもできず、むしろ、借家人は建物所有者による敷地の利用権および占有権の履行補助者とみるべきである[189]。

この観点から、本判決が、Xの賃借権の対象には土地に対する積極的な利用権は含まれないと解したことは妥当といえよう。

### (2) 借家人補償の法的性質

つぎに、(b)の論拠として、借家権自体に財産権性があるゆえに、対価補償の対象となるとの主張が問題になる。たしかに、借家権も「財産」であり、相続の対象となる（民法896条）ことを判例も認めている[190]。このことは、相続の対象とならない使用借権（民法599条）に比べ、借家権の財産権性が強いことを意味する[191]。

しかし、借家権を売買、贈与等によって第三者に譲渡するためには、建物賃貸人（以下、家主という）の承諾が必要であり、借家人が自由に譲渡できるわけではないことに注意する必要がある（民法612条）。もっとも、これは賃貸借に共通する法理である。しかし、借地権（建物所有を目的とする地上権または土地賃借権。借地借家法2条1号）の場合は、地主が借地人による借地権の譲渡または賃借地の転貸を承諾しないときでも、それが地主の不利となるおそれがないときは、地主の

---

187) ★最判昭和36・7・21民集15巻7号1939頁。
188) ★東京地判昭和61・6・26判時1228号94頁。
189) 松尾 2011:118頁。
190) ★最判昭和25・7・14民集4巻8号333頁ほか。松尾 2010:386頁参照。
191) もっとも、借家権の相続性を否定する立場もある。建物賃借権の相続肯定説と否定説については、松尾 2010:386-387頁参照。

承諾に代わる裁判所の許可を取得して譲渡・転貸できる制度（借地借家法 19 条）が設けられている。ところが、借家権の場合は、家主が借家人による借家権の譲渡や借家の転貸を承諾しない場合、家主の承諾に代わる裁判所の許可の制度は存在しない。この意味で、借家権の財産権性は借地権に比べて稀薄である。

以上の点に鑑みて、本判決が借家権自体の権利対価補償を否定したことには理由がある。もっとも、土地の収用ないし買収に伴って土地上の借家が「移転」される場合（本事案の場合）はともかく、起業者が土地上の借家を「取得」する場合（収用 78 条・79 条、6 条・5 条 2 項、要綱 25 条・26 条、基準 29 条・30 条、国交 31 条・33 条）は、権利対価補償として、借家権価格を補償すべきとの立場もある。しかし、借家の取得の場合も借家権補償は不要であるとの見解もある[192]。そこで、借家人補償の本質が改めて問題になる。

### （3）借家人補償の本質

借家人が土地に対する権利者でないとすれば、借家人に対する補償は理論的には第三者補償の性質をもつ[193]。その場合、借家人は土地上の物件等を移転する義務を負うものではないから、借家人補償は、工作物補償、動産移転料、移転雑費等とともに、借家人の生活再建補償（の典型例）として捉えることができると解される[194]。

ちなみに、土地の収用ないし買収に伴って借家の移転や取得が必要になる場合、家主と借家人との借家契約に従い、賃貸借が継続することも、終了することもあり（例えば、借家の取得や再築工法による移転

---

192) 松尾 2011:122-123 頁、須藤 1994:88 頁参照。
193) ただし、土地収用法は土地所有者以外の関係人（収用 8 条 3 項）も被補償者と認め、借家人は明渡裁決（収用 49 条）における補償対象者となる。
194) 松尾 2011:123-126 頁参照。

## 第5章　生活再建補償に関わる問題

等の場合)、その場合に借家契約に基づき、家主が借家人に補償を行うこともある。それは家賃減収補償の加算要因として認められる（基準33条、細則第17の2、国交36条、運用第20)。そうであるとすれば、これとは別に起業者から借家人に直接に支払われる借家人補償は[195]、実質的に二重払いに当たるのではないかとの疑問が提起される可能性もある。しかし、借家人補償の本質が生活再建補償にあるとすれば、二重補償という懸念は当たらないであろう[196]。

---

195) 関連法令については、松尾 2011:118-121 頁参照。
196) 松尾 2011:40-42 頁、124-126 頁参照。

# 第6章

# 事業損失補償に関わる問題

## ⑮ 市道の形状変更に伴う隣接地の評価減は損失補償の対象となるか

鹿児島地判平成 11・4・30 判タ 1026 号 149 頁

**POINT** 　本章は、損失補償の具体的内容の第4の柱である事業損失補償に関わる事例を検討する。事業損失補償は、公共事業の予定、施行および施設の形態・構造または供用により、買収・収用地、残地または周辺土地の所有者、利用者等が被る損失に対する補償である。それは、これまでみてきた①買収・収用される財産権の対価補償、②買収・収用に伴う建物・その他の物件の移転や農業・その他の経営の移転等によって通常生じる費用の補償、③生計の移転等に伴う生活再建に必要な費用の補償と並ぶものとして、損失補償（憲法29条3項）の内容を構成する重要な要素である。

　まず、本節では、事業損失補償の意義や射程範囲について、橋梁工事に伴う取付道路工事の施工により、隣接地に評価減が生じたとして、損失補償請求がされた事案を通じて検討する。

## 1. 事案の概要

### （1）事件の経緯

　X（原告。K県くみあい開発株式会社。K県経済農業協同組合連合会、同信用農業協同組合連合会および同共済農業協同組合連合会の出資によって設立され、同各連合会代表理事が取締役）は、営農・生活等の共同利用施設の取得・賃貸、および研修・宿泊・スポーツ・観光等の施設の取得・運営・賃貸等を目的とする会社である。一方、Y（被告。起業

者たる国。運輸省（当時）が管轄し、同省第4港湾建設局K港湾空港工事事務所が事務取扱い）は、K港臨港道路建設事業の一環として、平成5（1993）年6月、T山シーサイドブリッジ（以下、本件ブリッジという）の建設工事を計画したが、本件ブリッジの道路面が既存のK市道2号線（道路幅2.3m。以下、市道2号線という）より約4.2m高い位置に設計されたため、高低差を解消して両者を連結すべく、市道2号線の車道部分のうち、本件ブリッジの西側約98m部分をスロープ状の取付道路とする工事（以下、本件工事という）を施工することにした[197]。

Xは、市道2号線の北側に隣接する土地（以下、本件土地という）を所有していた。Xは、本件土地を昭和48（1973）年7月にA会社から買い受け、グラウンドおよび駐車場として使用してきた。本件土地は、市道2号線と歩道を挟んでほぼ等高に113mの接道部分をもっていたが、本件工事が完成するとそのうち94m部分がスロープ状の取付道路へと形状変更され、両者間に最大約3.9mの段差が生じ、市道2号線との接道部分は19mに狭小化することになった（【図表6－1】）。

【図表6－1】
隣接地の価値減による事業損失

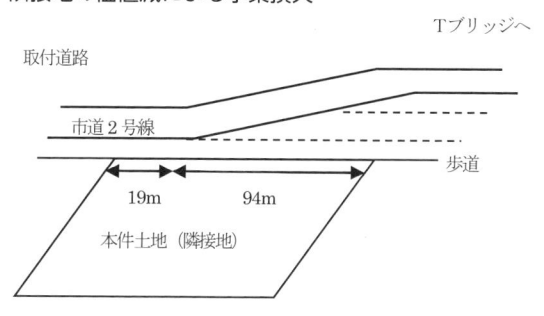

---

197）本件工事は平成9（1997）年7月～平成10（1998）年2月の工期予定で施工され、同年7月に概ね完成し、その後市道2号線として供用開始された。

## （2）原告の主張

Xは、本件工事により、本件土地に接する道路の形状が変更され、その利用可能性が制約されて評価額（資産価値）が減少するとし、憲法29条3項に基づき、評価額減少分の損失補償として、Yに対し、7億9,100万円およびこれに対する平成9年10月10日（訴状送達の日の翌日）から支払済みまで年5分の割合による遅延損害金の支払を請求した。

その根拠として、Xは、憲法29条3項の趣旨を明文化した現行法令が、収用損失のほかに、事業損失の補償も認めており[198]、それらは事業損失の発生が類型的で事前に予見でき、比較的簡単に補償額を算定できる例を規定したもので、事業損失を限定列挙する趣旨ではないと主張した。その際、Xは、公共事業による国道の高架化によって残地との間に高低差が生じ、接道状況の変更によって残地の価値減が生じたことを理由に、土地収用法74条に基づく損失補償請求を一部認容した裁判例を援用した[199]。そして、一部収用の場合の残地の価値減とそれ以外の場合で区別すべき合理的理由はなく、事業損失は被収用者以外の第三者に生じることも当然に予想されるから、かかる損失も補償対象になるべきであるとした。もっとも、隣接地の接道状況の変更による事業損失を補償する実体法規が存在しないことから、憲法29条3項を根拠として損失補償を請求した。その適用要件に関し、Xは、つぎのように主張した。

①市道の形状変更による接面道路の形状変更は、土地利用上の制約という土地所有権に対する直接的制限の要素を含み、財産権本体に対

---

[198] 事業損失の補償に関する法令については、松尾 2011:156-160 頁参照。
[199] ★秋田地判昭和 49・4・15 判時 1012 号 62 頁。同裁判例は、第3章・❽節で取り上げた判決（★最判昭和 55・4・18 判時 1012 号 60 頁）の第1審判決に当たる（前掲注 101 参照）。

する侵害である。それによって生じる隣接地の価値減という損失は、接面道路の形状変更によって直接的にもたらされるものであるから、憲法29条3項の適用要件としての「公権力により権利が直接制限される場合」に該当する。

②Yは、接面道路の形状変更による損失は「反射的利益の喪失」に過ぎず、法的保護の対象にならないと主張する。しかし、その「反射的利益」とは道路を通行できることを意味するのに対し、Xの主張する損失は、接面道路の形状変更による土地の交換価値の減少であり、それは単なる「反射的利益の喪失」にとどまらず、補償対象となるべきである。

本件土地は、本件工事着工前は市道2号線との関係で進入・退出が容易で、交通面の利便性が高かったが、本件工事が完成するとした場合、交通上の制約からその利便性が低下する。本件土地は、都市計画上商業地域に指定されているが、商業施設の建設が困難となり、その収益性、市場性が著しく低下する。本件土地は、本件工事の着工前における評価額が21億7,000万円であるのに対し、本件工事の完成後のそれは13億1,600万円になると予想されるから、その減少額は7億9,100万円となる。かかる損失は一般的に生じる損失ではなく、本件土地を所有するXにのみ生じる「特別の犠牲」である。その額は、本件工事の着工前の評価額の約37.5％に上り、一般的に当然受忍すべき限度内にあるものとは解されない（例えば、Xは本件土地を担保に融資を受けているが、担保価値の減少が生じると、その資金運営にも少なからぬ影響が出てくる）。

## （3）被告の主張

Yは、以下のように述べて、Xの主張に反論した。

①憲法29条3項による直接請求が認められるためには、公権力に

よって財産権が直接制限されることが必要であるが、隣接地の事業損失は、私有財産を公共のために直接用いた場合に該当しない以上、憲法29条3項による直接請求は認められない。

②憲法29条3項の補償対象は、法的保護に値するものとして一般的に承認された権利であることが必要である。しかし、一般使用に供されている公物たる道路を公衆がその用法に従い自由に使用できるのは、道路管理者が公共用物として維持・管理していることの反射的効果であり、個々人がこれを利用する権利をもつためではない。これは道路沿線の土地の所有者等が道路を通行することについても同様である。本件土地の間口が歩道を挟んで市道2号線に面していたことも、道路管理者が従来の市道2号線を運行の用に供していたことの反射的効果に過ぎないから、仮に本件工事によって本件土地の評価額が減少したとしても、反射的利益の喪失に過ぎず、憲法29条3項の損失補償の対象とならない。

Xが、本件土地を専らグラウンドおよび駐車場として利用してきた実態からすると、従前市道2号線に面していた門扉を残る19mの接道部分に、または本件土地が北東面で接する市道1号線（幅員6m）側に付け替えることにより、Xの本件土地の利用目的を十分に達成できるから、道路法70条1項に基づく「みぞ・かき補償」による救済で必要十分である。

また、Xは、本件工事の完成によって本件土地の評価額が下落すると主張するが、将来それが上昇する可能性もあり、下落すると一方的に予測することには合理性がない。Xが援用する鑑定書は、本件ブリッジの完成による交通の利便性向上や観光価値の上昇による本件土地の増価面についてはゼロ査定をしている。また、同鑑定書は車両の乗入れにつき、本件土地が北東側で接面する市道1号線の利用可能性も考慮していない。

## 2. 裁判所の判断

### (1) 憲法29条3項に基づく損失補償要件

(ア) 特別の犠牲

　　損失補償制度は「憲法が国民の具体的財産権を保障していることを前提に、公共のため特定の者に課せられた<u>特別の犠牲</u>は全体の負担とするのが正義公平の理念に適合するという見地から、公益と私益との調整ないし損害を被った者への救済を図ったものと理解することができる。

　　右損失補償の制度趣旨によれば、公共のためにする財産権の制限が社会生活上一般に受忍すべき範囲を超え、特定の者に<u>特別の犠牲</u>を課したものである場合には、財産権の制限を定めた法規中に損失補償に関する規定を欠くときでも、直接憲法29条3項を根拠として補償請求をすることができると解するのが相当である」（下線部は引用者による。以下同じ）。

(イ) 公権力による財産権の直接侵害・制限性

　　憲法29条3項の「公共のために用いる」との文言に照らすと、同条項を根拠とする補償請求が認められるためには、「まず、<u>公共のために私人の財産権が公権力により直接に侵害ないし制限される場合</u>でなければならないというべきである」。

## （2）市道の形状変更による隣接地の評価減と公権力による土地所有権の直接侵害・制限

（ア）事業損失と公権力による土地所有権の直接制限

①残地の場合

　要綱41条但書は、残地補償に関し、「事業の施行により生じる日陰、臭気、騒音その他これらに類似するものによる不利益又は損失については、補償しないものとする」と定める。しかし、要綱の施行についての閣議了解第3は、「事業施行中又は事業施行後における日陰、臭気、騒音、水質の汚濁等により生ずる損害等については、この要綱においては損失補償として取り扱うべきではない」とする一方で、「しかしながら、これらの損害等が社会生活上受忍すべき範囲を超えるものである場合には、別途、損害賠償の請求が認められることもあるので、これらの損害等の発生が確実に予見されるような場合には、あらかじめこれらについて賠償することは差し支えないものとする」としている。これは「事業損失については、損失補償ではなく、不法行為の理論により救済すべきとする指針」を示すものである。しかし、他方、要綱42条は、土地収用法75条と同趣旨の「みぞ・かき補償」を定めており、同補償が事業損失補償であることは明らかであるから、「要綱及び土地収用法においても、事業損失を損失補償として救済する余地を否定しているわけではない」。そして、およそ土地収用は特定の公共事業のために行われ、土地収用と収用地上の同事業とは密接不可分の関係にあるから、同事業の展開によって生じる残地の価値減少という事業損失についても、同法74条の「同一の土地所有者に属する一団の土地の一部を収用し、又は使用することに因って」生じる損失として補償すべきと解することも、「土地収用法の解釈として十分に可能というべきである」。

②隣接地の場合

「これに対し、隣接地については、残地と同様に右のような事業損失の発生が容易に予想されるにもかかわらず、要綱44条は、取得又は使用に係る土地及びその残地以外の土地について、『みぞ・かき補償』を定めるのみであり、しかも、社会通念上妥当と認められる限度において費用の全部又は一部を補償するとし、残地の場合に比べ、その補償を限定している。土地収用法においても、隣接地については、93条の『みぞ・かき補償』の規定のほか、何ら補償規定をおいていない。なお、接面道路の形状変更により生じた隣接地の用益又は管理上の障害については、道路法70条1項の『みぞ・かき補償』規定による救済が図られているが、これ以上の補償規定は同法にも存しない。

このように、残地補償と隣接地補償とを区別する扱いは、被収用者がその他の者と異なり、収用により生じる総ての損失の補償を受けるべき地位にあること、事業損失については評価損その他の無形のものが多く、その範囲、程度も不明確であるところ、隣接地の場合には尚更に損失の判断が不明確で困難なものになることなどに鑑みると、法律上やむを得ない区別として合理性が認められるとともに、憲法29条3項の『公共のために用いる』という文言の解釈の帰結であるということができる。

したがって、土地収用法74条の残地補償について接面道路の形状変更による残地の評価額減少という事業損失が補償の対象になるとしても、隣接地における同様の事業損失について当然に憲法29条3項の損失補償の対象となるわけではない…」。

(イ) 土地所有権と接面道路の通行について

本件土地については、Yが施工する本件工事によって市道2号線

の形状が変更される結果、同市道との接道部分が少なくなり、同市道に面する間口が狭小化して車両の進入退出が制限され、本件土地を利用するに当たり、同市道を通行する便益が減少する。

「しかしながら、本件工事は、本件土地自体に対して、何らの物理的有形的な侵害を及ぼすものでないばかりか、接面道路を通行する便益の減少により土地の評価額が減少するとしても、接面道路を自由に通行することと土地所有権の行使の自由とは本来別個のものである以上、特段の事情のない限り、本件工事により接面道路の通行の利益、自由が直接侵害ないし制限されるからといって、本件土地所有権が直接侵害ないし制限されるということはできない。

そこで、右の特段の事情について検討するに、公道を自由に使用することは、一般公衆が社会生活上諸般の権利を行使する上で欠かすことのできない利益、自由（民法710条参照）であり、有効利用を本質とする土地所有権においては、接面道路の使用、便益が評価額（資産価値）の重要な要素となることも否定し難いところであって、接面道路の通行の利益、自由をもって法的な保護に値するものと認められる場合には、接面道路の通行の侵害ないし制限をもって、土地所有権に対する直接侵害ないし制限とみるべき場合も存するというべきである。

この点について、右の公道通行の利益、自由は、原則として、道路管理者が道路を公共用物として維持・管理し、公共の用に供していることの反射的利益として、一般公衆においてこれを享受しているに過ぎないのであって、このことは道路に隣接する土地所有者についても同様であるというべきである。すなわち、公道の設置管理者は、当該公道を一般公衆の通行に適した状態に維持・管理する義務を負担しているに過ぎず、公道の隣地の所有者に対して、当該土地が全て公道に面するように道路を設置・維持する義務を負担する

⓯ 市道の形状変更に伴う隣接地の評価減は損失補償の対象となるか

ものではないから、その反面として、公道の隣地所有者は、当該土地が全て公道に面するように道路を設置・維持させる権利や利益を有するものではない。そうすると、公道である接面道路の通行の利益、自由をもって法的な保護に値するものと認められるためには、隣地所有者が当該公道につき個別具体的な利益を享受していて、その公道の形状変更により隣地所有権の行使に著しい支障が生ずるという特段の事情が認められなければならないというべきである」。

しかし、Xは、昭和48（1973）年に本件土地を取得後20数年にわたりグラウンドおよび駐車場として使用してきており、本件土地に特に資本を投下した形跡もなく、現在も具体的な利用計画がない状況であって、土地所有権の本質である有効利用を図り、市道2号線の交通利便性を享受してきたとはいい難い。

しかも、本件工事完成後も、本件土地における車両の進入・退出は、市道2号線に接する残存部分19メートルの間口の利用のほか、本件土地の北東側全面に接する市道1号線を利用することによって十分可能である。また、取付道路によって遮断された市道2号線の歩行者横断についてはボックス・カルバートによる代替措置も講じられている。したがって、少なくともXの本件土地の利用状況に照らすと、本件土地所有権の行使に著しい支障が生じるとは到底認められない。

さらに、本件土地は、幹線道路から離隔した臨海部に位置し、交通利便性および日常的な集客力に乏しかったところ、本件ブリッジの完成により、市街地および遠隔地からの交通アクセスの便益が高まり、車両による一般客の増大が期待される。また、本件土地に本件ブリッジの観光名所としての価値が付加されたということもできる。

「これらの事情を考慮すると、本件土地所有者であるXが市道2

第6章　事業損失補償に関わる問題

号線につき個別具体的な利益を享受しており、本件工事による同市道の形状変更により本件土地所有権の行使に著しい支障が生ずるという特段の事情が存するということはできず、他にこれを認めるに足りる証拠はない」。したがって、Xが本件工事による市道2号線の通行制限を受けるとしても、Xの右通行の利益、自由をもって法的な保護に値するものとは認められないから、本件工事により本件土地所有権が直接侵害ないし制限されるということはできず、本件工事によって本件土地所有権が直接侵害ないし制限されるとするXの主張は失当である。それゆえに、本件土地の評価額の減少は憲法29条3項に基づく損失補償の対象とはならないから、Xの請求は、その余の点につき判断するまでもなく、棄却する[200]。

## 3. 考察

### (1) 本件の特色

本件は、公共事業の施行により、土地の買収・収用を受けた者ではない、第三者に生じた事業損失が損失補償の対象となるか否かが問題とされたものである。本件における原告Xは、本件工事に際して土地の買収・収用を受けておらず、本件工事の施工により、所有地と既存の道路との接道状況が変更される（接道間口が狭小になる）という影響を受けた第三者である。

### (2) 本判決の論理

　(ア) 事業損失に対する損失補償の肯定

　　本判決は、第1に、事業損失を「公共事業の施行における施設の

---

200) ★鹿児島地判平成11・4・30判タ1026号149頁。

202

形態・構造・供用に起因して被収用者又は周辺住民が蒙る損失」と定義し、土地収用法、要綱、要綱の施行についての閣議了解等の現行法令における事業損失の取扱いを分析したうえで、事業損失を損失補償として救済すること自体は肯定する。とりわけ、土地収用法74条の残地補償の中に事業損失補償の要素も読み込む可能性を認めている[201]。それは、不法行為による損害の事前賠償ではないとみる。

(イ) 隣接地に対する事業損失補償の原則否定

　これに対し、公共事業の施行によって隣接地に生じる事業損失については、憲法29条3項による損失補償を否定する。その理由として、本判決は、①隣接地に生じる事業損失が「間接的、派生的に生じる損失」であること、②被収用者は収用によって生じる総ての損失の補償を受けるべき地位にあるが、隣接地の所有者はそうではないこと、③事業損失は評価損等の無形のものが多く、その範囲・程度も不明確で、隣接地の場合はとくに損失の判断が困難であることを挙げている。

(ウ) 接面道路の形状変更による事業損失補償の可能性

　もっとも、本判決は、公共事業の施行によって隣接地に生じる事業損失を完全に否定するものではなく、「接面道路の通行の利益、自由をもって法的な保護に値するものと認められる」ならば、「接面道路の通行の侵害ないし制限をもって、土地所有権に対する直接侵害ないし制限とみるべき場合も存する」可能性を承認する。その

---

201) 残地補償に収用損失の要素と事業損失の要素の両者が含まれることについては、松尾2011:65頁、156-157頁参照。さらに、残地の接道状況の変更による評価減が残地補償に含まれるかどうかが問題になった事案で、これを消極的に解した例として、第3章・❽節で取り上げた、★最判昭和55・4・18判時1012号60頁参照。

ためには、「隣地所有者が当該公道につき個別具体的な利益を享受していて、その公道の形状変更により隣地所有権の行使に著しい支障が生ずるという特段の事情」が存在することをＸが主張・立証しなければならない[202]。本判決は、Ｘにはそのような特段の事情が認められないとした。

(エ) 憲法29条3項に基づく損失補償要件としての特別の犠牲と直接侵害・制限性

本判決は、憲法29条3項による損失補償の要件として、①特定の者に課せられた特別の犠牲、および②公権力の行使による財産権の直接の侵害ないし制限を挙げつつ、本件では②が満たされていないことを理由に、「その余の点について判断するまでもなく」Ｘの請求を棄却した。前述（イ）・（ウ）はこの②に関する判断に当たるものであることに注意する必要がある。この点で、本判決が憲法29条3項の損失補償要件として掲げる①・②の両要件の関係が明確にされていないという問題が残されているように思われる。

しかし、翻って、このことは、損失補償の要否に関する判断基準として、②の公権力の行使の性質という観点の再評価に通じるとも考えられる。その観点から、本判決の提示した原則・例外の法理を明確にするとともに、他の法理との関係を再検討する余地がある[203]。

(オ) 隣接地の評価減と開発利益

また、隣接地の評価減に関しては、同じく開発利益の享受も考慮

---

202) 前述2（2）（イ）下線部参照。
203) 損失補償の要否に関する諸学説・判例および公権力行使の目的・性質の側面を重視・再評価すべきことにつき、松尾2011:28-36頁参照。

## ⓯ 市道の形状変更に伴う隣接地の評価減は損失補償の対象となるか

に入れて検討しなければならない。この観点からは、本判決が、本件ブリッジの完成により、従来幹線道路から離隔した臨海部に位置し、交通の利便性や集客力に乏しかった本件土地への交通アクセスの便益が高まり、本件ブリッジの観光名所としての価値増大の影響も受ける可能性に言及していることは看過できない。

## ⑯ 公共事業によって第三者所有物が警察規制を満たさなくなった場合における損失補償請求の可否

最判昭和58・2・18 民集37巻1号59頁

**POINT** 事業損失補償の意義と射程範囲について検討した前節に引き続き、本節は、関連する問題として、財産権を制約する法令の規制および公共事業の双方が重なった結果として、買収・収用地または残地以外の土地に存在する物件（ガソリンスタンドの地下タンク）の移転が必要になった場合に、その所有者が移転のために要した出費による損失が補償対象となるかどうかを検討する。

## 1. 事案の概要

### （1）事件の経緯

　X（原告。国）の所轄行政機関であるK県S地方建設局は、一般国道と県道が交差するK県下でも最も自動車交通量の多いT市N町の交差点に、歩行者および自転車運転者等の安全を図る目的で地下横断歩道（国道と県道の各歩道面に合計8か所の出入口を設け、歩行者や自転車運転者が通行できる構造。以下、本件地下道という）の設置を計画し、昭和48年10月頃に着工、昭和49年12月22日に完成させ、同月24日供用を開始した。

　Y（被告。石油会社）は、同交差点付近の土地上でT給油所を経営していた。Yは消防法に基づくT市長の許可を受け、同給油所敷地の地下にガソリンタンク5基（【図表6－2】に示す①・②各7.5kl は昭

## ⓰ 公共事業によって第三者所有物が警察規制を満たさなくなった場合における損失補償請求の可否

和27年6月頃、③9.9klは昭和29年12月頃、④10klは昭和35年6月頃、⑤10klは昭和45年9月頃設置。合計44.9kl。以下、旧タンクという）を埋設し、維持・管理してきた。ところが、Xが本件地下道を新設した結果、旧タンクのうち4基が本件地下道から水平距離10m以内となり、消防法104条4項および同条に基づく危険物の規制に関する政令13条1号イに違反する施設となった結果、YはT市消防局長から昭和49年12月28日付で消防法違反の警告を受け、昭和50年1月31日までに改造計画書を提出するよう求められた。Yは給油所境界地下に擁壁を設けて移設を免れるべく、同政令23条に基づく特別措置をT市消防局に申し立てた。T市消防局は特別な工法を用いれば同特別措置も不可能ではないとしたが、相当の調査と費用を要するため、Yは旧タンクの移設工事を決定、A工務店に発注し、昭和51年7月16日工事が完了した。同工事は、移設工事よりも経済的に安価な方法として、旧タンク①〜④に代えて新設タンクⒶ・Ⓑ・Ⓒ各10klを設置する一方、旧タンク⑤を新設タンクⒹ10kl（新設タンク合計40kl）へ移した（【図表6-2】）。Yは、S地方建設局に対し、旧タンクの移設工事は本件地下道の設置に起因するとして、道路法70条に基づく損失補償請求をした。これに対し、S地方建設局は、同工事は道路法70条1項には該当せず、損失補償の対象とならない旨の回答をした。そこで、Yは昭和50年6月20日、道路法70条4項に基づき、K県収用委員会に裁決を申請した。

K県収用委員会は、昭和52年9月24日付で、道路法70条1項は道路の新設・改築と当該土地の従前の用法による利用価値の減少との間に相当因果関係があり、かつ当該価値の減少が社会的に通常受忍すべき限度を超えるときは損失補償をすべきことを定めた規定であるが、Yは本件地下道の設置によって旧タンクの移設工事を余儀なくされたのであるから、その工事費用を同項に基づいて損失補償請求でき

るとし、XはYに対して907万5,780円の損失補償金を支払うべきであるとの裁決（以下、本件裁決という）をした。

**【図表6−2】**
**隣接地の価値減による事業損失**

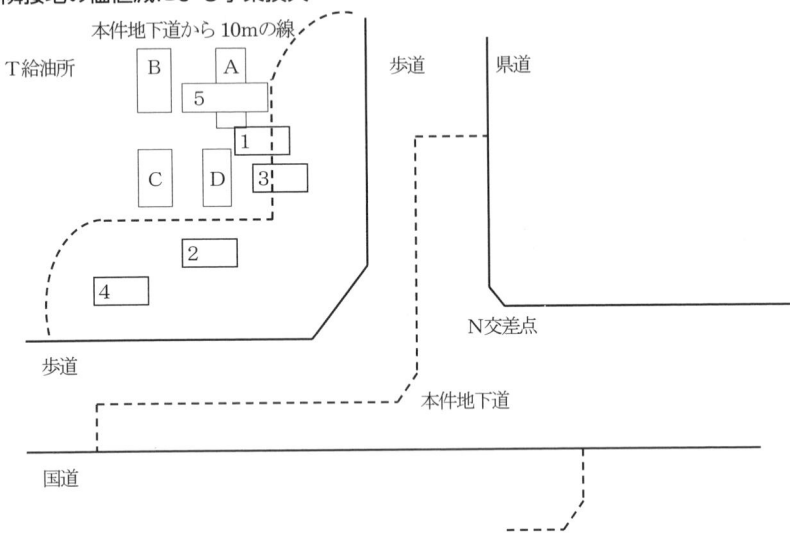

(2) 原告の主張

Xは、本件裁決の取り消しおよびXのYに対する損失補償金支払債務は存在しないことの確認を請求した。その理由として、以下の点を挙げた。

　(ア) 道路法70条は、損失補償の要件として「道路を新設し、又は改築したことに因り、当該道路に面する土地について、通路、みぞ、かき、さく、その他の工作物を新築し、増築し、修繕し、若しくは移転し、又は切土若しくは盛土をするやむを得ない必要があると認められる場合においては」と規定する[204]。同条は「道路に面する土地」

❶ 公共事業によって第三者所有物が警察規制を満たさなくなった場合における損失補償請求の可否

について、道路との間に高低差を生じたり、道路への出入りに支障をもたらす等、道路とその接続地との間に道路利用に支障を来す物理的障害が生じた場合の補償を規定したもので、本件のように道路に面しない土地に、法的規制により工作物の移転を必要とする場合の補償は予定していない。また、「その他の工作物」とは、同条が例示する通路・みぞ・かき・さく等に類似した物を指すと解すべきで、ガソリンタンクは、これに該当しない。

（イ）道路法70条は、公平負担の原則から損失補償を規定しているが、旧タンクの移設はYが受忍すべき限度を超えず、公平負担の見地から、損失補償の対象とはならない。なぜなら、Yは、旧タンクの設置時点で、隣接地は道路であり、将来同所に地下道が設置されることも当然あり得るから、その場合でも消防法の規制に適合するよう配慮すべきであった。したがって、Xがその権限に基づいて地下道を設置した結果、旧タンクの移設に費用を要したからといって、その費用をXに請求するのは、「他人の土地をあてにして先に工事をした者が一方的に保護を受けようとするもの」で、公平負担の原則に反する。

また、旧タンクは、元来特別な配慮を必要とする危険物で、場所を選ばず自由に設置できるものではなく、かつ周囲の生活環境の変化に対応して安全性が保たれるべきものである。かかる危険物の所有者が周囲環境の変化によって当該危険物の移転費用を要することになっても、危険物に内在する費用として自己負担するのが、公平負担の原則に適う。

---

204) 下線は引用者による。以下同じ。

(ウ) 旧タンクの移設は、Xが道路管理の必要からYに求めたものではなく、火災予防等の警察目的に基づき、消防法令によって保安距離の維持義務がYに課されたことによるから、その費用負担の問題は消防法によって解決すべきである。しかし、消防法は国民に各種の作為・不作為義務を課しながら、損失補償規定を一切設けていない。これは、同法が災害防止という高度の公益目的の達成のため、補償を要せずに国民に作為・不作為の義務を課すものである。この見地からも、旧タンクの移設費用は損失補償の対象とならない。

### (3) 被告の反論

Yは、以下の理由に基づいて反論した。

(ア) 道路法70条は、道路の新設または改築により私人に損害を与えた場合、当該損害が社会通念上受忍すべき範囲を超えたときは、公平負担の原則からその損失補償をすべきことを定めた規定である。かかる立法趣旨からすれば、道路工事と相当因果関係にあり、かつ受忍限度を超える損害であれば同条の適用を受けるべきで、道路利用に支障を来す物理的障害が生ずる場合に限定して適用するXの解釈は妥当でない。また、同条が損失補償の対象物として挙示する「通路、みぞ、かき、さく」は、道路工事に伴って損失補償すべき最も典型的な物件の例示であるから、旧タンクが同条の「その他の工作物」に該当しない旨の主張はあまりに形式的な文理解釈であり、同条の前記立法趣旨からすれば、旧タンクも「その他の工作物」に含まれると解すべきである。

(イ) Yが旧タンクの設置時に、隣接道路に本件地下道が設置されることを予測することは困難であり、Xが本件地下道設置の計画を有していたならば、その旨をYに明示し、適切な指導をすべきであった。

また、Xが本件地下道の設置にあたって隣接地に与える影響を十分調査していれば、地下道の位置変更、歩道橋の設置等によって旧タンクの移設工事を免れる方法がとられたはずであるのに、Xはかかる調査ないし損害防止の努力を怠り、その結果、Yに多大の損失を生ぜしめた。
　　　また、危険物であっても、その所有者の意思に基づかない環境の変化が原因で損失ないし損害が発生した場合は、それを生じさせた主体が国や公共団体であろうと一般私人であろうと、当該損失ないし損害が社会通念上受忍の限度を超えるものである限り、損失補償ないし損害賠償すべきとするのが法の理念である。

　（ウ）財産権に対する制限と財産権の制限によって生じた損失の補償は別個の問題であるから、消防法令に基づいて生じた損失を道路法によって補償することは差し支えない。

## （4）第1審判決

　（ア）第1審判決は、Xの請求を棄却した。その理由は以下のとおりである[205]。
　　①道路法70条1項は、憲法29条3項の保障する損失補償制度の1つであり、公共事業としての道路の新設または改築によって当該道路に面した土地所有者にみぞ、かき、さくの設置等土地使用上の損失を与えた場合、それが道路の新設・改築と相当因果関係にあり、かつ本人に損失を負担させることが社会通念上、受忍の限度を超えていると認められるときは、道路管理者が損失を補償すべきことを定めたものである。その法意に鑑みると、同条は道路面と隣接土地

---

205) ★高松地判昭和54・2・27行集30巻2号294頁。

211

間の高低差等の物理的障害だけでなく、法規制上の障害に基づく損失も補償対象にするものと解すべきである。なぜなら、公共のためにする財産権制限が社会生活上一般に受忍すべき限度を超え、特定の人に対し特別の犠牲を強いる場合にこれを補償することが損失補償制度の趣旨であるから、特別の犠牲が物理的障害による場合と法規制上の障害による場合とで損失を受ける者には変わりなく、後者の場合を損失補償対象から除外する合理的理由は見出し難い。

②本件地下道の設置によって消防法違反となった旧タンクのうち4基は、昭和27年～昭和35年に設置されたもので、その当時Yが本件地下道の設置を予測しまたは予測できた事実は認めるに足りず、Yが旧タンクの移設工事を余儀なくされたのは、自己の責任によるものでも過失によるものでもなく、Xの本件地下道の設置によるものであるから、移設工事に要する費用は受忍限度を超える損失として、道路管理者たるXが負担すべきである。

また、旧タンクが消防法上の危険物として設置・管理のうえで種々の法的規制・制限を受けることは明らかであるが、設置時に適法であり、かつ将来の違法状態の到来を予測し難い場合で、自己の責に属さない後発的事態の発生によって移設を余儀なくされたときも、常に危険物の所有者ゆえに移設費用の自己負担を強いることは酷にすぎる。

③旧タンクの移設には消防法が適用され、同法に損失補償の規定が存在しないことから、道路法70条の適用がないとするXの主張は、独自の見解であって採用できない。

(イ) 損失補償の額に関し、道路法70条1項は、道路の新設または改築と相当因果関係にある損失のうち、社会通念上相当と認められる限度で補償すべきとする趣旨であり、従前の土地工作物より価値が

増加する改良工事ないし超過工事については補償が及ばない。

本件移設工事は、経費および場所的事情から、旧タンク5基中4基を埋殺し、1基を移設し、新たに3基を新設する方法により、その移設工事および附随工事の費用として合計金907万5,780円を要した。本件裁決はそのすべてを本件損失補償の対象とした。しかし、油面計代（4基分）10万6,000円は、旧タンクには附設されていなかった油面計を本件移設工事の機会に行政指導を受けて新たに附設したもので、改良工事に属するから、本件損失補償の対象とするのは相当でない。

他方、旧タンクの耐用年数は半永久的と認められるから、タンクの新設をもって改良工事とみるのは相当でない。また、従来分散していた5基の旧タンクが、本件移設工事によって4基のタンクが1か所に集中し、注油するうえで便利となったが、反面、本件移設工事によって貯蔵容量は4.9kl減少したことから、これらの事情を併せ考えると、前記便益の増加を改良工事として損失補償から減額するのは相当でない。その他の各工事費用は、旧タンクの移設に欠くべからざる費用と認められる。

したがって、本件裁決による損失補償額907万5,780円中、10万6,000円の部分を取り消して896万9,780円と変更し、油面計代金10万6,000円について支払債務が存在しないことを求める限度でXの請求は正当であるからこれを認容すべきであるが、その余は理由がないからいずれも棄却する。

Xが控訴した。

## （5）第2審判決

第2審判決は[206]、事実認定および法律上の判断のいずれについても、原判決は相当であり、Xの控訴は理由がないとして、棄却した。

Xが上告。

## 2. 最高裁の判断

　最高裁は、原判決中、X敗訴部分を破棄し、第1審判決中X敗訴部分を取り消して、本件裁決中、損失補償額896万9,780円にかかる部分を取り消し、XのYに対する同部分の損失補償金支払債務が存在しないことを確認した[207]。理由として、以下のように述べた。

　道路法70条1項の補償対象は、「道路工事の施行による土地の形状の変更を直接の原因として生じた隣接地の用益又は管理上の障害を除去するためにやむを得ない必要があつてした…工作物の新築、増築、修繕若しくは移転又は切土若しくは盛土の工事に起因する損失に限られると解するのが相当である。したがつて、警察法規が一定の危険物の保管場所等につき保安物件との間に一定の離隔距離を保持すべきことなどを内容とする技術上の基準を定めている場合において、道路工事の施行の結果、警察違反の状態を生じ、危険物保有者が右技術上の基準に適合するように工作物の移転等を余儀なくされ、これによって損失を被つたとしても、それは道路工事の施行によつて警察規制に基づく損失がたまたま現実化するに至つたものにすぎず、このような損失は、道路法70条1項の定める補償の対象には属しないものというべきである。

　これを本件についてみると、…Yは、その経営する石油給油所においてガソリン等の地下貯蔵タンクを埋設していたところ、Xを道路管

---

206)　★高松高判昭和54・9・19行集30巻9号1579頁。
207)　★最判昭和58・2・18民集37巻1号59頁。本判決に対する評釈として、以下のものがある。阿部1986:124頁、宇賀1989:228頁、小澤2006:502頁、川勝1984:21頁、原田1983:44頁、村上1983:41頁、桑原2012:522頁。

理者とする道路工事の施行に伴い、右地下貯蔵タンクの設置状況が消防法10条、12条、危険物の規制に関する政令13条、危険物の規制に関する規則23条の定める技術上の基準に適合しなくなつて<u>警察違反の状態</u>を生じたため、右地下貯蔵タンクを別の場所に移設せざるを得なくなつたというのであつて、これによつて<u>Yが被つた損失は、まさしく先にみた警察規制に基づく損失にはかならず、道路法70条1項の定める補償の対象には属しない</u>…。そうすると、これと異なる見解に立つてYの被つた右損失が右補償の対象になるものとした原審の判断には法令の解釈、適用を誤つた違法があり、…原判決中X敗訴部分は破棄を免れない。

そこで、進んで、…右破棄部分にかかるXの請求の当否について判断すると、Yの被つた前記損失につき原判決と同様の見解に立つてXが損失補償義務を負うものとした本件損失補償裁決には法令の解釈、適用を誤つた違法があつて取消を免れず、また、右裁決にかかるXのYに対する損失補償金支払債務が存在しないことは、いずれも前記説示に照らして明らかであるから、Xの右請求は理由がある」。

## 3. 考察

### (1) 最高裁判決の論理

最高裁の判旨は、①道路法70条1項の補償対象は、道路工事の施行による土地の形状変更を「直接の原因」とする隣接地のやむを得ない工事に起因する損失に限られるのに対し、②Yの出費による損失は、直接的には、Xの地下道設置工事によるものというよりも、ガソリンタンクの設置・管理に関して危険物の保管場所等と保安物件との間に一定の離隔距離の保持を定めた警察法規の規制に起因するものであるから、この直接の原因である警察法規に損失補償規定がない限り、そ

第6章　事業損失補償に関わる問題

れとは趣旨・目的を異にする道路法70条1項を根拠にして損失補償請求をすることはできないというものである[208]。

　それは、Yの損失が憲法29条3項に基づく補償対象となるか否かには言及しないが、おそらく否定的と解される。なぜなら、その論理は、物の所有者はその物の内在的危険性を顕在化させないようにする義務を負っており、警察法規に反する状態となったときは、その状態を解消するために要する費用を自ら負担しなければならないとする状態責任の法理に立脚すると解されるからである[209]。それは、さらに突き詰めれば、損失補償の要否に関する一般的基準として、（a）財産権の制約が警察目的的・消極的制限にとどまる場合は補償を要しないが、公益増進的・積極的制限に至っている場合は補償を要するとの警察目的的・消極的制限－公益増進的・積極的制限の二分論、および（b）当該影響が当該財産権に内在する制約にとどまるときは補償を要しないが、それを超えて財産権の剥奪または本来的効用ないし本質的機能の妨害に至っているときは補償を要するとの考え方に通じているように思われる。前者（a）は公共事業の側から、後者（b）は財産権の側から公共事業の影響の法的性質を特徴づけるもので、表裏の関係にあるとも考えられる[210]。

### （2）原告の出費による損失の法的性質

　しかし、警察法規を含む法令の規定に適合する形で物を所有し、維

---

208) これと同様の問題は、消防法のみならず、危険物と保安物件との離隔距離維持義務を定めるその他の法規（火薬類取締法14条、石油パイプライン事業法25条、電気事業法40条、ガス事業法28条等）をめぐっても生じうる。
209) 宇賀1989:229頁、櫻井＝橋本2013:414頁参照。村上1983:50頁は、「警察規制は財産権に内在する社会的制約にすぎず、損失補償を必要とする限りではないといってよいと思われる」とし、★最大判昭和38・6・26刑集17巻5号521頁（奈良県ため池条例違反事件判決）を挙げている。
210) 損失補償の要否に関する一般的基準に関しては、松尾2011:28-36頁参照。

持・管理し、利用してきた所有者等の権利者が、自らの行為によらずに法令違反の状態になった場合、そうした状態を解消するための出費に対する損失補償は、いわゆる法令改善費用の補償と類似しているようにみえる。実際、法令改善費用との均衡上、本判決の論理に対して疑問を提起する見解もある[211]。

これに対し、法令改善費用の補償は、土地の買収または収用に伴って必要となる当該土地上の建物等の物件の所有者に対し、既存不適格となっている当該物件の移転に際して現行法令の基準に適合させるために要する費用（の支出時期が早まったことによる当該費用の運用益喪失分）の補償であるが[212]、本件の場合は、土地の買収・収用に伴って当該土地上の物件の移転等が必要になったものではないから、法令改善費用の補償との均衡を論じる余地がないとの見解もある[213]。

## （3）私見

本件の問題の理論的位置づけとしては、隣接地（収用・買収地および残地以外の土地）のみぞ・かき補償に例示されるような[214]、第三者

---

[211] 遠藤1989:255頁、小高2000:216頁。
[212] 松尾2011:81頁、83頁参照。
[213] 小澤2006:503頁。もっとも、危険物の所有者であるYが離隔距離内の土地について所有権や地役権等の権利を取得しており、Xがその土地の全部または一部を買収・収用したことにより、当該物件が離隔距離違反の施設になったときは、通損補償（収用88条）の請求が認められるとする。
[214] 収用93条、要綱44条、基準60条、細則第39-5・別記4、国交66条、運用第52、要領20条・別記4。公共用地補償研究会2013b:187-189頁参照。また、特別法として、本件のように道路を新設・改築した場合の「当該道路に面する土地」（道路法70条）のほか、海岸保全施設を新設・改良した場合の「当該海岸保全施設に面する土地又は水面」（海岸法19条）、地すべり防止工事を施行した場合の「当該地すべり防止工事を施行した土地に面する土地」（地すべり等防止法17条）、河川工事を施行した場合の「当該河川に面する土地」（河川法21条）、「都道府県営工事を施行した土地に面する土地」（急傾斜地の崩壊による災害の防止に関する法律18条）についても、みぞ・かき等の工事費の補償が認められる。なお、橋本2013:383頁参照。

第6章　事業損失補償に関わる問題

の事業損失に対する補償の要否および内容の問題に当たるものと解される。もっとも、判旨もいうように、本件の事案は、隣接地そのものに対して必要となる工事等に要する出費による損失ではない点で、みぞ・かき補償そのものとは異なる。しかし、みぞ・かき補償が第三者に対する事業損失補償を制度化した一例であるという点では、みぞ・かき補償と本件の事案との論理的な関連性を否定することはできないように思われる。

　一般に、法令の規定に適合する方法で既存の危険物を維持・管理・利用していた所有者が、財産権を制約する①法令の規制および②公共事業の双方の結果として、自らは土地の買収・収用を受けたのではない第三者であるが、既存不適格物を所有することになった場合、やはり一定の要件の下に何らかの補償を制度化する必要があるように思われる。そうした制度が立法化されるまでは、当該第三者には憲法29条3項に基づく独自の補償請求をする余地があるものと解される[215]。その際に、当該法令の規制が警察目的のものであるという理由だけでただちに損失補償の対象外とみることは、硬直的である感を否めない。なぜなら、公共事業によって一定の公益増進的な帰結が生じる一方で、第三者に損失が生じているからである。

　ただし、本件では、Yの所有物件がガソリンの地下タンクという潜在的危険性の特に高い物件であったことが無視できない。しかも、ガソリンスタンドは、その営業面での効率性から交通量の比較的多い場所に設けられることも珍しくないが、そのことは同時に、地下タンクが道路との離隔距離ぎりぎりに設けられている場合も少なくないことを意味する。そうした場合に当該道路の新設・改築に際し、多額の補償費用を要するとすれば、公共事業が妨げられるおそれがある。その

---

215) そのためには、事業損失の一類型または新たな補償類型としての要件・効果の理論化が必要である。

❶ 公共事業によって第三者所有物が警察規制を満たさなくなった場合における損失補償請求の可否

ことも考慮に入れた警察規制の必要度の強さが本判決には影響を与えているものと考えられる。

# あとがき

　1990年代から繰り返し危惧されてきた日本社会の少子高齢化と人口減少の問題は、一層深刻化している。生産・消費の縮小とその相互作用がもたらす副作用に鑑みれば、日本のGDPの減少と内需の冷え込み、景気後退等は当然の現象である。今後しばらくは続くであろうそうした閉塞状況を脱するためには、対症療法的で局部的な景気刺激策では不十分であることは明らかである。むしろ、現代日本の開発政策は、従来の日本の発展経緯を振り返り、急成長に伴う歪みや副作用として生じた問題を見つめ直し、近代化の原点に立ち返って、より質の高い開発のチャンスをここに見出すことから再出発する必要がある。今こそ、将来ありうべき次の発展パターンをどのように構想できるか、そのための強かな工夫とアイディアが問われている。

　所得・資産の格差拡大、また中央と地方の格差拡大の中で、非効率的な部分や立ち遅れた場所は切り捨てやむなしという議論も耳にする。しかし、そのような状況にあるからこそ、限られた公共事業予算で最大の社会的収益をもたらすインセンティブを開拓すべく、中心と周辺をより近付けるようなインフラ投資の識別と実践が必要とされている。目立たなくとも持続的で真に価値のある公共的財産を充実させること、農村と都市の繋がりをより緊密にすることに、限られたリソースを用いて、ひたすら注力すべきであると私は考える。

　そのような公共事業の実践は、補償すべきものは的確に補償し、忍ぶべきものは忍ぶためのルールとその理由の一層の明確化を求めている。近年はまた、そうした経験を含め、日本の損失補償制度を東南アジア諸国等に技術移転する要請も高まっている。本書が前著とともに、そうした実践に活かされることがあればと念じている。

　本書の執筆に際しては、岩田康史氏（大成出版社）のご協力とご支援を賜った。また、本書の元になった連載原稿（用地ジャーナル

2011年8月号〜2014年2月号〔隔月〕）の取りまとめ、文献改訂の確認、校正等に際しては、杉田彩子さん（慶應義塾大学大学院法学研究科前期博士課程修了）の協力を得た。記して謝意を表する次第である。

≪裁判例索引≫

| 裁判所 | 判決日 | 掲載誌 | 頁 |
| --- | --- | --- | --- |
| 大判 | 明治32年12月21日 | 民録5輯11巻88頁 | 9 |
| 大判 | 昭和11年6月24日 | 民集15巻1184頁 | 9 |
| 最判 | 昭和25年7月14日 | 民集4巻8号333頁 | 188 |
| 最大判 | 昭和28年12月23日 | 民集7巻13号1523頁 | 78,145 |
| 熊本県収用委員会裁決 | 昭和35年6月16日 | | 159 |
| 東京地判 | 昭和35年7月19日 | 行集11巻7号2052頁 | 106 |
| 最判 | 昭和36年7月21日 | 民集15巻7号1939頁 | 188 |
| 東京高判 | 昭和36年11月30日 | 行集12巻11号2325頁 | 106 |
| 最大判 | 昭和37年3月7日 | 民集16巻3号445頁 | 162 |
| 最大判 | 昭和38年6月26日 | 刑集17巻5号521頁 | 50,216 |
| 鳥取地裁倉吉支判 | 昭和42年11月20日 | 民集27巻9号1219頁 | 57 |
| 最大判 | 昭和43年11月27日 | 民集22巻12号2808頁 | 27 |
| 熊本地裁玉名支判 | 昭和44年3月30日 | 下民20巻3＝4号263頁 | 14 |
| 最判 | 昭和44年7月4日 | 民集23巻8号1321頁 | 27 |
| 広島高裁松江支判 | 昭和45年11月27日 | 民集27巻9号1231頁 | 59 |
| 最判 | 昭和47年5月30日 | 民集26巻4号851頁 | 16,26 |
| 大阪地判 | 昭和48年7月5日 | 行集25巻8＝9号1123頁 | 106 |
| 最判（最一小判） | 昭和48年10月18日 | 民集27巻9号1210頁 | 55,60,76,80,93,118,121 |
| 秋田地判 | 昭和49年4月15日 | 判時1012号62頁 | 100,194 |
| 広島高裁松江支判 | 昭和49年7月31日 | 行集25巻7号1039頁 | 62 |
| 大阪高判 | 昭和49年9月13日 | 行集25巻8＝9号1116頁 | 106 |
| 那覇地判 | 昭和50年10月1日 | 判時815号79頁 | 8 |
| 福岡高裁那覇支判 | 昭和51年10月8日 | 金判618号36頁 | 9 |
| 熊本地判 | 昭和52年2月28日 | 判時875号90頁 | 159 |
| 仙台高裁秋田支判 | 昭和53年2月27日 | 判時1012号68頁 | 102 |
| 高松地判 | 昭和54年2月27日 | 行集30巻2号294頁 | 211 |

| 高松高判 | 昭和54年9月19日 | 行集30巻9号1579頁 | 214 |
| 岐阜地判 | 昭和55年2月25日 | 行集31巻2号184頁 | |
| | | | 164,170 |
| 最判 | 昭和55年4月18日 | 判時1012号60頁・判タ448号88頁 | |
| | | | 96,97,104,194,203 |
| 最判 | 昭和56年1月27日 | 民集35巻1号35頁 | |
| | | | 2,10 |
| 最大判 | 昭和56年12月16日 | 民集35巻10号1369頁 | 174 |
| 東京地判 | 昭和57年5月31日 | 判時1047号72頁 | 53 |
| 最判 | 昭和58年2月18日 | 民集37巻1号59頁 | |
| | | | 206,214 |
| 大阪地判 | 昭和58年5月30日 | 判時1097号81頁 | 159 |
| 最判 | 昭和58年9月8日 | 判時1092号62頁 | 128 |
| 高松地判 | 昭和59年4月10日 | 判時1118号163頁 | 27 |
| 東京地判 | 昭和59年5月18日 | 判時1118号28頁 | 28 |
| 名古屋地判 | 昭和60年10月31日 | 判タ573号10頁 | 28 |
| 東京地判 | 昭和61年3月17日 | 行集37巻3号294頁・判時1191号68頁 | 45,65 |
| 東京地判 | 昭和61年6月26日 | 判時1228号94頁 | 188 |
| 大阪地判 | 昭和62年4月30日 | 民集56巻5号970頁 | |
| | | | 75,143 |
| 大阪地判 | 昭和62年9月30日 | 判時1255号45頁 | 28 |
| 東京高判 | 昭和63年4月20日 | 高民41巻1号14頁・判時1279号12頁 | |
| | | | 42,47,65 |
| 松山地判八幡支判 | 昭和63年5月18日 | 判時1292号139頁 | 159 |
| 福岡地判 | 平成元年4月18日 | 判時1313号17頁 | 28 |
| 福岡高判 | 平成元年8月31日 | 判時1349号38頁 | 121 |
| 山口地判 | 平成4年1月30日 | 民集51巻1号168頁 | 114 |
| 大阪地判 | 平成4年6月26日 | 判タ793号98頁 | 128 |

| | | | |
|---|---|---|---|
| 最判 | 平成 4 年 7 月13日 | 判時1323号60頁 | 159 |
| 広島高判 | 平成 4 年11月 6 日 | 民集51巻 1 号177頁 | 116 |
| 東京地判 | 平成 4 年11月27日 | 判地110号87頁 | |
| | | | 177,183 |
| 東京高判 | 平成 4 年12月18日 | 高民45巻 3 号212頁 | 28 |
| 最判 | 平成 5 年 7 月20日 | 民集47巻 7 号4627頁 | 25 |
| 大阪高判 | 平成 6 年11月29日 | 判夕881号85頁 | 132 |
| 最判（最三小判） | 平成 9 年 1 月28日 | 民集51巻 1 号147頁 | |
| | | | 93,110,118 |
| 最判 | 平成 9 年 3 月13日 | 民集51巻 3 号1233頁 | 27 |
| 大阪高判 | 平成10年 2 月20日 | 民集56巻 5 号1000頁 | |
| | | | 76,144 |
| 最判 | 平成10年 6 月12日 | 民集52巻 4 号1087頁 | 28 |
| 最判 | 平成11年 1 月22日 | 判地203号77頁・78頁 | |
| | | | 124,134 |
| 鹿児島地判 | 平成11年 4 月30日 | 判夕1026号149頁 | |
| | | | 192,202 |
| 高松地判 | 平成12年 8 月 7 日 | 判夕1177号170頁・判地247号104頁 | 155 |
| 最判 | 平成14年 6 月11日 | 民集56巻 5 号958頁 | |
| | | | 70,71,78,137,145 |
| 高松高判 | 平成15年 2 月27日 | 判夕1177号160頁・判地247号93頁 | 155 |
| 最判 | 平成15年 9 月 4 日 | 裁判所時報1347号 1 頁 | 34 |
| 最判 | 平成15年11月27日 | 民集57巻10号1665頁 | 25 |
| 神戸地判 | 平成16年 1 月20日 | 裁判所ウェブサイト | |
| | | | 26,33 |
| 最判 | 平成17年11月 1 日 | 判時1928号25頁 | 66 |
| 最判 | 平成18年 3 月10日 | 判地283号103頁 | |
| | | | 150,157 |
| 大阪地判 | 平成20年 8 月22日 | 判地318号60頁 | 84 |

# 事項索引

## 【い】
慰謝料……………………………… 3
逸失利益………………………… 7,9
一般的な制限…………………… 47
一般旅客定期航路事業廃止等
交付金…………………………… 29

## 【う】
得べかりし利益……………… 3,7
運用益相当額………………… 135

## 【え】
営業休止による損失………… 101
営業補償………………… 127,131

## 【か】
開発利益……………… 70,81,204
環境権……………………… 168,174
完全な補償………………… 58,60
完全補償説……………………… 63

## 【き】
企業誘致………………………… 4
起業利益……………… 81,92,105
起業利益と事業損失との
相殺的処理……………………… 106
機能回復原則………………… 126
漁業権…………………… 151,158
漁業補償契約………………… 154
緊急の必要………………… 22,26
近傍類地………………………… 82

## 【け】
計画担保責任………………… 15
警察法規……………………… 214
警察目的・消極的制限……… 216
形式的当事者訴訟…………… 120
建築制限…………… 50,59,61,63

## 【こ】
公益増進的・積極的制限…… 216
公益創生活動………… 3,38,67,176
公害等調整委員会……………… 43
公共補償基準………… 126,130
公示価格…………………… 88,89
公的価格………………………… 88
国定公園………………………… 43
小作権割合…………………… 111
国家賠償………………… 6,10,17
国家補償の谷間……………… 22

## 【さ】
差止請求……………………… 173
残地の損失…………………… 101
残地補償…………… 104,105,198

## 【し】
事業損失………… 194,198,202,218
事業認定告示…………… 77,93
事業認定時価格固定主義…… 95
事業認定時価格固定制…… 70,81
自然公園法……………………… 42
借家権補償…………………… 189
借家人補償………… 177,188,189

収益還元法……………… 88,89,100
住民自治の原則………………… 10,13
収用委員会の裁量権……………… 120
取得補償………………… 141,148
受忍限度………………… 173
消極損害………………… 7
消極的警察目的……………… 46
消極的損害………………… 3
消防法………………… 17,207
人格権………………… 168,174
信義衡平の原則……………… 11
信頼関係………………… 9,11

【せ】
生活権補償………………… 82
生活再建措置……………… 169,175
生活再建補償……………… 164
製造品質管理基準……………… 126
正当な補償……………… 50,62,78
積極損害………………… 7,9,12,14
積極的実損補償説……………… 52
積極的損害………………… 3,12
積極的福祉目的……………… 46

【そ】
総合的・相関的判断説…………… 49
相当因果関係説……………… 52
相当な価格……………… 58,63,93
底地権割合……………… 111
損害賠償……………… 3,6,10,24
損失補償……………… 3,18,19,24

【た】
代償的措置………………… 6,8,11,14
立木補償………………… 137,147

【ち】
地価低落説………………… 45,52

【つ】
通損補償………………… 51,124,137

【と】
特定事業用資産……………… 30
特別地域の指定……………… 47
特別の犠牲……………… 49,197
徳山ダム………………… 164
土地の利用制限……………… 47,50
取引事例比較法……………… 88,89

【な】
内在的制約………………… 47

【に】
二分説………………… 48

【は】
破壊消防………………… 17,20
伐採補償……………… 140,141,147
反射的利益……………… 195,200

【ひ】
非財産的損害……………… 3
比準価格………………… 89,100

【ふ】
風評被害……………………… 155

【ほ】
法令改善費用…………… 124,135,217

【む】
無名抗告訴訟………………… 172

【り】
隣接地……………………… 217
隣接地補償………………… 199

【著者略歴】

松尾　弘（まつお ひろし）

　1962年長野県生まれ。1985年慶應義塾大学法学部卒業、1990年一橋大学大学院法学研究科博士後期課程単位取得退学。横浜市立大学商学部助教授、横浜国立大学大学院国際社会科学研究科教授を経て、慶應義塾大学大学院法務研究科教授、現在に至る。
　この間シドニー大学法学部客員教授、オックスフォード大学法学部客員研究員、社会資本整備審議会臨時委員、公認会計士試験委員、日米不動産協力機構（JAREC）理事、国際協力銀行（JBIC）環境ガイドライン審査役、用地取得総合支援機構顧問。国際協力機構（JICA）、法務省法務総合研究所国際協力部（ICD）が実施するラオス、ネパール、カンボジア、ベトナム等の民法整備支援に携わる。
　専門は、民法学、開発法学。
　主要著作として、『J・ラズ 法体系の概念──法体系論序説（解説追補版）』（慶應義塾大学出版会、2011）、『民法の体系──市民法の基礎（第5版）』（慶應義塾大学出版会、2010）、『良い統治と法の支配──開発法学の挑戦』（日本評論社、2009）、『財産権の保障と損失補償の法理』（大成出版社、2011）、『開発法学の基礎理論──良い統治のための法律学』（勁草書房、2012）、『民法改正を読む──改正論から学ぶ民法』（慶應義塾大学出版会、2012）ほか。

基本事例から考える損失補償法

2015年10月12日　第1版第1刷発行

著　者　松　尾　　　弘
発行者　松　林　久　行
発行所　株式会社 大成出版社
東京都世田谷区羽根木1-7-11
〒156-0042　電話03(3321)4131(代)
http://www.taisei-shuppan.co.jp/

©2015　松尾　弘　　　　　　　　　　印刷　信教印刷
落丁・乱丁はおとりかえいたします。

ISBN978-4-8028-3209-0